Frischmann / Mohr (Hrsg.)
Erziehungswissenschaft – Bildung – Philosophie

Studien zur Philosophie und Theorie der Bildung
Band 37

Herausgegeben von
Otto Hansmann und Winfried Marotzki

Erziehungswissenschaft
Bildung
Philosophie

Herausgegeben von
Bärbel Frischmann und Georg Mohr

Mit Beiträgen von
Wolfgang Fischer, Bärbel Frischmann,
Stephanie Hellekamps, Anton Hügli, Ekkehard
Martens, Winfried Marotzki, Georg Mohr,
Jürgen-Eckardt Pleines, Jörg Ruhloff
und Peter Vogel

Deutscher Studien Verlag · Weinheim 1997

Über die Herausgeber:

Bärbel Frischmann, Dr. phil., Jg. 60, Lehrbeauftragte am Institut für Allgemeine Pädagogik (Abt. Philosophie und Pädagogik) der Humboldt-Universität zu Berlin.

Georg Mohr, PD Dr. phil., Jg. 56, Gastprofessor am Institut für Allgemeine Pädagogik (Abt. Philosophie und Pädagogik) der Humboldt-Universität zu Berlin.

Alle Rechte, insbesondere das Recht der Vervielfältigung und Verbreitung sowie der Übersetzung, vorbehalten. Kein Teil des Werkes darf in irgendeiner Form (durch Photokopie, Mikrofilm oder ein anderes Verfahren) ohne schriftliche Genehmigung des Verlages reproduziert oder unter Verwendung elektronischer Systeme verarbeitet, vervielfältigt und verbreitet werden.

Druck nach Typoskript (DTP)

© 1997 Deutscher Studien Verlag · Weinheim
Druck: Druck Partner Rübelmann, 69502 Hemsbach
Seriengestaltung des Umschlags: Atelier Warminski, 63654 Büdingen
Printed in Germany

ISBN 3 89271 709 5

Inhalt

Vorwort 7

Bärbel Frischmann/Georg Mohr
Einleitung 9

Philosophie und erziehungswissenschaftliche Theoriebildung

Wolfgang Fischer
Über die Bedeutung der Philosophie für die
„Pädagogik als Wissenschaft" 21

Anton Hügli
Welche Philosophie für welche Pädagogik? 35

Peter Vogel
Von der philosophischen Pädagogik zur philosophischen
Reflexion innerhalb der Erziehungswissenschaft 61

Jörg Ruhloff
Zur Idee philosophisch mitkonstituierter Fachdidaktiken 71

Bildungsphilosophie

Ekkehard Martens
Platons Bildungsphilosophie.
Zur Aktualität prämodernen Denkens 85

Stephanie Hellekamps
Die Bedeutung Nietzsches für ein bildungstheoretisches
Persönlichkeitskonzept 97

Bärbel Frischmann
Gedanken zur bildungstheoretischen Bedeutung
der Existenzphilosophie 111

Winfried Marotzki
Biographieanalyse als mikrologische Zeitdiagnose.
Eine methodologisch inspirierte Relektüre der Schriften
Walter Benjamins 131

Jürgen-Eckardt Pleines
Neuzeitliche Bildung zwischen Wissenschaft und
Metaphysik... 149

Hinweise zu den Autoren 167

Vorwort

Der vorliegende Band enthält überarbeitete Fassungen der Beiträge, die die Autoren auf einer Tagung über „Die Bedeutung der Philosophie für die Erziehungswissenschaft" vom 1. bis 2. November 1996 an der Abteilung Philosophie und Pädagogik des Instituts für Allgemeine Pädagogik der Humboldt-Universität zu Berlin zur Diskussion gestellt haben.

Den Autoren danken wir für ihre Beiträge, Herrn Prof. Dr. Dietrich Benner für vielfältige Unterstützung und ganz besonders Frau Janina Sonnenfeld und Herrn Götz Frömming für unermüdlichen Einsatz bei der Durchführung der Tagung und Vorbereitung der Druckvorlage. Unser Dank gilt auch der Humboldt-Universität für die Finanzierung der Tagung, Herrn Prof. Dr. Jürgen Schriewer und Frau Helga Altner für ihre Hilfe bei der Mobilisierung der Mittel sowie Herrn Rüdiger Herth vom Deutschen Studien Verlag für unbürokratische Kooperation.

Berlin, den 26. März 1997					Bärbel Frischmann
											Georg Mohr

Bärbel Frischmann/Georg Mohr

Einleitung

Platons Lehre von der paideia hat maßgeblich dazu beigetragen, daß bis weit ins 18. Jahrhundert der Philosophie die Verantwortung für die theoretische Behandlung pädagogischer Fragen zugesprochen wurde. Seit sich nun vor gut 200 Jahren die Pädagogik als eigenständige wissenschaftliche Disziplin im universitären Fächerkanon zu formieren begann, wird die Diskussion um den Status der Pädagogik, um ihre Aufgabe als Wissenschaft und um ihr Verhältnis zur Philosophie geführt.

Die institutionelle Abspaltung der Pädagogik von der Philosophie beginnt mit der Einrichtung des ersten Lehrstuhls für Pädagogik an der Universität Halle/Saale und dessen Besetzung durch Ernst Chr. Trapp im Jahre 1779. Damit ist aber nicht nur der Anfang eines von der Pädagogik betriebenen Emanzipationsprozesses markiert, sondern es kündigt sich – von der anderen Seite – in den folgenden Jahrzehnten auch ein zunehmender Rückzug der Philosophie aus pädagogischen und bildungstheoretischen Fragestellungen an. Zwar entwickelt Hegel einen rein philosophisch-systemintern motivierten Bildungsbegriff, zwar verknüpfen Humboldt, Herbart und Schleiermacher weiterhin Philosophie und Pädagogik, so daß sich eine inhaltliche Synthese beider Disziplinen in den Werken dieser Autoren bis in die ersten Jahrzehnte des 19. Jahrhunderts hinein fortsetzt. Die institutionelle Trennung wird insofern zunächst nicht sachlich repräsentiert. Bis ins 20. Jahrhundert dominiert die Auffassung, daß Pädagogik eine philosophische Disziplin bzw. philosophisch zu fundieren sei. Mit der zunehmenden Akzentsetzung auf empirische Erforschung der Erziehungswirklichkeit wird jedoch die Inanspruchnahme von Philosophie durch die Pädagogik immer weiter zurückgedrängt.

Inzwischen hat sich die Philosophie ihrerseits weitestgehend von pädagogischen Fragestellungen abgewandt, während die Pädagogik – auch durch ihre Umbenennung in „Erziehungswissenschaft" – ein von der Philosophie emanzipiertes Wissenschaftsverständnis signalisiert. Damit ist die Frage nach der Bedeutung der Philosophie für die Erziehungswissenschaft aber durchaus nicht erledigt. Als Indizien dafür können die Einrichtung einer Kommission „Bildungs- und Erziehungsphilosophie" bei der Deutschen Gesellschaft für Erziehungswissenschaft, die Gründung von ganzen Buchreihen (der vorliegende Band gehört zu einer solchen) zu bildungs- und erziehungsphilosophischen Themen sowie zahlreiche Einzelveröffentlichungen, die zum interdisziplinären Gespräch zwischen Erziehungswissenschaft und Philosophie beitragen möchten, angesehen werden.

Es besteht jedoch kein Konsens darüber, *welcher Stellenwert* der Philosophie *für* die oder gar *in* der Erziehungswissenschaft zugesprochen werden soll. Das Spektrum der Positionen reicht hier von der Auffassung, daß die Philosophie sowohl über ihre prinzipientheoretische als auch ihre anthropologische, ethische, sozialphilosophische und bildungstheoretische Fundierungskompetenz die Begründung der Pädagogik als ganzer zu leisten habe, bis hin zu der konträren Auffassung, die Pädagogik könne auf der ganzen Linie für sich selbst aufkommen.

Die wesentlichen Zusammenhänge liegen historisch und systematisch tiefer – allen Verabschiedungspolemiken zum Trotz. Es ist die List der Philosophie, daß jede Begründung ihrer Verabschiedung sich selbst wieder als philosophische Reflexion erweist. Eine Wissenschaft ohne kritische Grundlagenreflexion wäre zudem nicht minder anachronistisch als eine philosophisch bevormundete. Dabei wird niemand, der dies zur Geltung bringt, eine (Wieder-)Vereinnahmung der Pädagogik durch die Philosophie herbeireden wollen. Ebensowenig steht das Diktum, Philosophie sei Grundlegung, Pädagogik nur Anwendung, noch ernsthaft zur Debatte.

Die Emanzipationsbestrebungen der Erziehungswissenschaft behalten auch aus heutiger Sicht ihren guten Sinn. Deren Ergebnisse sollten als disziplinenkonstitutive Rahmenbedingungen aller weiteren Diskussion nicht zur Disposition stehen. Denn, solange die Philosophie – oder besser: eine bestimmte, zeitweise dominierende Philosophie – sich normative Orientierung zumutete und diese mit dem systemambitionierten Anspruch verband, das gesamte theoretische und praktische Wissen mit fixierten Wert- und Funktionszuweisungen zu integrieren, war die Verselbständigung der Pädagogik zur autonomen Erziehungswissenschaft (die sachlich lange vor der entsprechenden Umbenennung einsetzte) vor allem Emanzipation *von* stets ideologieverdächtiger weltanschaulicher Bevormundung. Und sie mußte Emanzipation *zur* empirischen Erforschung der Erziehungswirklichkeit und deren angemessener wissenschaftlicher Durchdringung sein, flankiert von sozialwissenschaftlich informierter Ideologiekritik. Dies anzuerkennen heißt nicht, wissenschaftstheoretisch naiv zu glauben, pädagogische Theorie sei möglich in einem methodologischen, weltanschaulich-metaphysischen und normativen Vakuum.

Die immer wieder deutlich werdende Verwiesenheit der Erziehungswissenschaft auf Philosophie manifestiert sich denn auch keineswegs lediglich in dem äußerlich wahrnehmbaren Umstand, daß neben Bildungstheorie auch Bildungsphilosophie, neben Theorie der Erziehung auch Philosophie der Erziehung betrieben wird. Es handelt sich auch nicht lediglich um eine historische Selbstvergewisserung der Pädagogik oder um Vergangenheitsbewältigung. Vielmehr lassen sich in der erziehungswissenschaftlichen Diskussion sachlich-immanent begründete Verbindungsstellen identifizieren, die zwischen Erziehungswissenschaft und Philosophie vermitteln. Einige seien hier zumindest angedeutet.

– Daß eine prinzipienwissenschaftlich verstandene Pädagogik auf Philosophie als Fundierungs- und Begründungsinstanz ihrer zentralen Begriffe, ihrer Prinzipien und ihres systematischen Anspruchs verwiesen ist, liegt auf der Hand. Eine solche Auffassung von Pädagogik wird heute aber kaum noch vertreten.

– Jede erziehungswissenschaftliche Subdisziplin muß ihr eigenes Wissenschaftsverständnis ausweisen können. Hierzu sind erkenntnis- und wissenschaftstheoretische Reflexionen notwendig, die zu einem erheblichen Anteil auf Philosophie zurückgreifen.

– Der die erziehungswissenschaftlichen Disziplinen integrierende Begriff der Erziehung ist aufgrund seiner traditionell und thematisch tief in die Philosophie hineinreichenden Implikationen nur unter Einbeziehung philosophischer Überlegungen zu explizieren.

– Der Bildungsbegriff spielt sowohl in der Erziehungswissenschaft als auch in der Philosophie historisch und systematisch eine zentrale Rolle. Aufgrund dieser Doppelfunktion des Bildungsbegriffs operiert die Erziehungswissenschaft unweigerlich mit Philosophemen wie Subjektivität und Personalität, Freiheit und Selbstgestaltung.

– Die pädagogische Anthropologie entwickelt Vorstellungen über die Bedeutung von Bildung und Erziehung für die menschliche Entwicklung und Existenz, d. h. ein spezifisches Bild vom Menschen, und tangiert damit die philosophische Anthropologie.

- Die sogenannten „Paradigmen" oder „Hauptströmungen" der Erziehungswissenschaft gehen auf solche der Philosophie zurück. Auch die jüngsten Entwicklungen der Erziehungswissenschaft (Aufnahme phänomenologischer, systemtheoretischer, strukturalistischer, postmoderner Einflüsse) beweisen die starke Beeinflussung der erziehungswissenschaftlichen Theoriebildung durch die aktuellen philosophischen Diskussionen.

- Historische Erziehungswissenschaft stößt in der Rekonstruktion der pädagogischen Theoriegeschichte permanent auf die engen Verflechtungen von Pädagogik und Philosophie.

- Erziehungswissenschaft behandelt Fragen nach den Normen und Werten, die dem Erziehungshandeln zugrunde liegen, nach dem Berufsethos des Pädagogen u. ä. Diese sind nur durch Einbeziehung der philosophischen Ethik zu klären.

- Erziehungswissenschaft muß Auskunft darüber geben können, als welche Praxisform sie Pädagogik ansieht und welchen Platz sie im Rahmen der menschlichen Gesamtpraxis einnimmt. Damit bezieht sich die Erziehungswissenschaft auf Schwerpunkte der praktischen Philosophie.

- Selbst eine skeptische Pädagogik nährt sich von der Funktion und den Ansprüchen einer philosophischen Skepsis gegenüber jeder Form von Wissen.

Die in dem vorliegenden Band versammelten Beiträge erörtern die Frage nach der Bedeutung der Philosophie für die Erziehungswissenschaft unter verschiedenen Gesichtspunkten. Sie ergänzen sich zu einer Bestandsaufnahme der Perspektiven und Gründe, aus denen philosophische Reflexion in die erziehungswissenschaftliche Theoriebildung eingeht. Zudem sucht der Band dem Umstand Rechnung zu tragen, daß die Frage, *ob* der Philosophie ein wesentlicher Stellenwert in der Erziehungswissenschaft zukomme, nur beantwortet werden kann durch spezifizierte Hinweise darauf, *wie* die Philosophie einen solchen Stellenwert zu realisieren vermag. Dabei werden zwei theoretische Schwerpunkte zur Geltung gebracht. Zum einen stehen Fragen zur Diskussion, die die Bedeutung der Philosophie für den Gesamtkontext der erziehungswissenschaftlichen Theoriebildung betreffen. Zum anderen werden bildungsphilosophische Fragen problemgeschichtlich und systematisch erörtert.

I. Philosophie und erziehungswissenschaftliche Theoriebildung

Philosophie wurde in der Pädagogik traditionell oftmals in Anspruch genommen, um den „Sinn" oder das „Wesen" des Pädagogischen oder auch „Prinzipien" der pädagogischen Theorie zu bestimmen. *Wolfgang Fischer* erinnert im Rückblick auf seine eigene wissenschaftliche Herkunft (Hönigswald, Petzelt) an Ansprüche und systematische Erwägungen der prinzipienwissenschaftlichen, transzendentalphilosophischen Pädagogik. Petzelt beispielsweise hatte versucht, die wissenschaftliche Pädagogik als philosophische Prinzipienlehre zu begründen, d. h. er beabsichtigte, die Allgemeingültigkeit und Notwendigkeit der pädagogischen Begriffe und Prinzipien in ihrem transzendental-apriorischen Status aufzuweisen. Selbst wenn ein solches Unterfangen heute kaum noch Fürsprecher hat, bleibt doch zu erörtern, ob es Themen und Aufgabenkomplexe in der Erziehungswissenschaft gibt, die nur von der Philosophie her bzw. mit Hilfe der Philosophie zu bewältigen sind. In zwei Thesen legt Fischer hierzu seine eigene Position dar. Die erste These verweist auf die metaphysischen Fundamentalunterstellungen jeder pädagogischen Theorie und Praxis. In der zweiten These wird eine in der Erziehungswissenschaft anzusiedelnde spezielle philosophisch-pädagogische Argumentation und Reflexion gefordert, die einen wechselseitigen produktiven Umgang der beiden Disziplinen ermöglichen könnte.

Anton Hügli konstatiert eine erhebliche Philosophieresistenz seitens der gegenwärtigen Erziehungswissenschaft und eine ebenso deutlich spürbare Pädagogikindifferenz seitens der Philosophie. Eine Erklärung für diese Sachlage findet Hügli in Defiziten gegenwärtig dominierender Paradigmen von Pädagogik und Philosophie. Die Philosophieresistenz der Erziehungswissenschaft diagnostiziert Hügli als Epiphänomen einer zur Zeit noch dominierenden sozialtechnologisch gewendeten „Kontrollpädagogik". Sie muß die entscheidende Frage, welche Erziehungseffekte denn erwünscht bzw. wünschenswert sind und wie die Bewertung solcher Ziele zu begründen (rechtjertigen) ist, an externe Instanzen (politische Machtverhältnisse, Religion u. dgl.) delegieren. Die Unzuständigkeit der neuzeitlichen Philosophie, insbesondere in Gestalt der „Sollensethik", für pädagogische Belange resultiert aus der formalistischen Eliminierung der für die antike Ethik noch zentralen und umfassenden Frage nach dem guten Leben aus dem Bestand philosophischer Reflexion. Voraussetzung pädagogischer Maßnahmen ist aber eine Beurteilung, welche Maßnahmen zum Besten jedes einzelnen und zum Besten aller sind. Rechenschaft über die Begründbarkeit von Zwecksetzungen für die pädagogische Praxis wie „das gute Leben" kann eine sich selbst überlassene pädagogische Reflexion nicht leisten. Eine Lösung sieht Hügli in einer beiderseitigen Paradigmen-Revision: einer auf Selbstbildung abzielenden, die Autonomie des Einzelnen respektierenden „Autonomiepädagogik" auf der einen Seite und einer die Frage nach dem guten Leben rehabilitierenden „integrativen Ethik" auf der anderen Seite. Dabei wird von einer integrativen Philosophie keine autoritative Antwort auf pädagogische Orientierungsfragen erwartet, sondern die Kompetenz, solche Fragen überhaupt rational traktierbar zu machen und die Akzeptabilität von Antworten zu prüfen. Hügli plädiert dafür, die integrative Ethik auf die Grundlage einer prozedural verstandenen selbstkritisch-diskursiven Rationalität zu stellen und als solche für die philosophischen Belange einer autonomiepädagogischen Erziehungswissenschaft zuständig zu machen.

Peter Vogel überblickt die wissenschaftliche Pädagogik seit den ersten Jahrzehnten des 20. Jahrhunderts und erörtert dabei deren Verhältnis zur Philosophie. Insbesondere in der philosophisch imprägnierten Bildungstheorie sind die Probleme relativ konstant geblieben. Dennoch sollte unterschieden werden zwischen der Bedeutung der Philosophie für die Bildungstheorie als erziehungswissenschaftlicher Teildisziplin und der Relevanz bildungsphilosophischer Reflexion für die Erziehungswissenschaft insgesamt. Zwischen 1920 und 1960 galt Pädagogik generell als philosophische Disziplin, wie bei Frischeisen-Köhler, A. Fischer, W. Flitner oder Petzelt nachzulesen ist. Der Positivismusstreit zerstörte dieses Selbstverständnis und brachte die Bedeutung empirischer Forschung auch für die Pädagogik zu Bewußtsein. Seitdem war die Pädagogik, die sich von nun an Erziehungswissenschaft nennt, in Paradigmen segmentiert, deren Vertreter auch hinsichtlich ihres Bezuges zur Philosophie bestimmbar waren. Diese überschaubare Situation ist heute nicht mehr gegeben. Einige Tendenzen zeigt Vogel dabei auf. Die Erziehungswissenschaft ist in relativ selbständige Subdisziplinen aufgegliedert. Die Allgemeine Pädagogik hat kontinuierlich an Bedeutung verloren und ebenso die Bezugnahme auf Philosophie bzw. auf philosophische Reflexion. Bildungsphilosophie scheint keine Grundlegungsfunktion mehr für die anderen erziehungswissenschaftlichen Teildisziplinen zu haben, sondern lediglich noch ihre eigenen Fragestellungen zu tradieren. Die darüber hinausweisenden Reflexionen übernehmen die einzelnen Teilgebiete in ihrem Forschungsalltag selbst. Dennoch bleiben Fragen offen: Wer ist für die Problematik des Zusammenhangs des erziehungswissenschaftlichen Wissens zuständig?

Wer reflektiert das Risikopotential erziehungswissenschaftlichen Wissens? Vogels Fazit ist die Aufforderung an die Bildungsphilosophie, in den Diskurs mit anderen Segmenten der Erziehungswissenschaft einzutreten.

Jörg Ruhloff begibt sich in diesen Diskurs und geht dem Problem nach, welche Rolle Philosophie in den jeweiligen Fachdidaktiken spielt. Wenn die Fachdidaktiken irgendwo zwischen Fachwissenschaft und Allgemeiner Didaktik verortet werden, bleibt zu fragen, welchen eigenständigen Status diese Fachdidaktiken haben. Ruhloff vergleicht Forderungen der Allgemeinen Didaktik an die Fachdidaktiken mit den Aufgabenstellungen, die in konkreten Fachdidaktiken zu finden sind. Angesichts des disparaten Bildes hinsichtlich des Stellenwerts der Philosophie erörtert Ruhloff drei Modelle einer Verhältnisbestimmung von Philosophie und Fachdidaktik. Das erste Modell geht von der Irrelevanz der Philosophie für die Fachdidaktik aus. Danach hat die Fachdidaktik das durch die jeweiligen Wissenschaften vorgegebene Fachwissen in Lernportionen zu transformieren. Entscheidender Mangel dieses Konzeptes ist das unkritische Verhältnis zur Wissenschaft und zum Unterrichtsgeschehen überhaupt. Im zweiten, teleologischen Modell wird der Philosophie die Ziel- und Sinnvorgabe für das jeweilige Unterrichtsfach zugedacht. Problem dieser Auffassung ist die Überforderung der Philosophie als Sinngebungsinstanz. Ruhloff optiert für eine dritte Variante, „das Modell der problematisierenden und problemspezifizierenden Bedeutung von Philosophie im Aufbau von Fachdidaktiken". Der Philosophie kommt hier die Aufgabe der wissenschaftstheoretischen, erkenntnistheoretischen und methodologischen Reflexion auf die Spezifik der einzelnen Fächer, Wissensformen, Geltungsbereiche zu. Gleichzeitig soll Philosophie einen kritischen, problematisierenden Bezug zum Fach und zum Unterrichten (zur Didaktik) unterstützen.

II. Bildungsphilosophie

Der bildungsphilosophische Diskurs wird durch *Ekkehard Martens* eröffnet. Er möchte den Postmoderne-Debatten einen Prämodernismusstreit an die Seite stellen. Am prämodernen Meisterdenker Platon führt Martens vor, auf welche Weise dieses Denken in das heutige Gespräch der Philosophie und Pädagogik einzubringen wäre. Die in der Postmoderne-

Diskussion getroffene Unterscheidung von differentieller und ganzheitlicher Option ist für Martens auch im Umgang mit Platon sinnvoll. Philosophisch und bildungstheoretisch erscheint Platon damit durchaus ambivalent. Seine ganzheitliche Option wird immer wieder durch differentielle Züge durchbrochen. Die spezifische Rationalität der ganzheitlichen Option ist durchsetzt von andersartigen Rationalitätsformen (z. B. Mythen, Gleichnissen), von Wissensskepsis und Ironie. Die Dialektik von differentieller und ganzheitlicher Option läßt sich dabei nicht einfach dadurch zugestehen, daß erstere den sokratisch orientierten früheren, letztere aber den späteren Schriften zugeordnet wird. Martens plädiert dafür, beide Optionen in einem systematischen Spannungsverhältnis zu verstehen, und führt dies am Dialog *Laches* vor.

Friedrich Nietzsche ist durch seine moderne-kritische Intention für die postmoderne Diskussion von besonderem Interesse. *Stephanie Hellekamps* eruiert aus Nietzsches Persönlichkeitskonzept des „vornehmen Menschen" bildungstheoretische Implikationen und Anschlußmöglichkeiten. Der vornehme Mensch ist das souveräne, autonome, übersittliche Individuum der beständigen Selbsterschaffung. Maßstab seines Tuns und Instanz des Gewissens ist er je selbst. Der reine Selbstbezug läßt eine moralische Perspektive nicht zu und kann damit den Anderen nicht integrieren. Dieser absoluten Autonomie gegenübergestellt wird die Philosophie Émmanuel Lévinas, der den Anderen und unsere Verantwortung als immer schon transzendent und aller konkreten Moralität theoretisch und faktisch vorgeordnet deutet. Wenn eine Person Kants kategorischen Imperativ anerkennt, hat sie schon alle anderen und mithin die Menschheit anerkannt. Hellekamps verweist auf die Gefahren, die jedes auf rein individuellen Selbstbezug gegründete Persönlichkeitskonzept mit sich bringt, droht sich hier doch die Möglichkeit von Moralität überhaupt zu verflüchtigen. Zugleich aber kann ein solches Selbstbild als eine regulative Idee mit bildungstheoretischer Relevanz angesehen werden. Die Selbstbestimmung, die Selbstwahl ist von jedem Individuum zu leisten. Eine recht verstandene Erziehung darf die Wahl nicht abnehmen und die Leitbilder des Wählens (Erziehungsziele) nicht vorgeben.

Ausgehend von Überlegungen zum Zusammenhang von neuzeitlichem Subjekt- und Bildungsbegriff erörtert *Bärbel Frischmann* an Martin Heidegger und Jean-Paul Sartre zentrale Thesen der Existenzphilosophie und fragt nach deren bildungstheoretischer Relevanz. Existenzphilosophie wird als eine Form von Subjektphilosophie vorgeführt, die den Versuch unternimmt, das Paradoxe der Freiheit und der aus Freiheit verstandenen

Auffassung von Bildung begrifflich zu bewältigen. Die weltliche Situiertheit des Menschen soll dabei mit der Auffassung von Freiheit und Selbstbestimmung so zusammengedacht werden, daß der Mensch als prinzipiell wesenlos und somit seiner eigenen Bestimmung, dem eigenen Entwurf überantwortet ist. Die irreduzible Verantwortung für sich selbst tangiert das Verständnis von Bildung. Diese ist wesentlich Selbst-Bildung nach eigenen Maßstäben, eigenen Sinnkriterien, in eigener Verantwortung. Bildung ist jedoch niemals vollkommen realisierbar, wie auch der Mensch niemals seiner Freiheit genügen, seinem eigenen Wollen und Tun mächtig sein kann.

Wird die Notwendigkeit anerkannt, in die Erziehungswissenschaft auch zeitdiagnostische Reflexionen einzubringen, sind dafür die methodologischen Möglichkeiten zu prüfen, wie *Winfried Marotzki* anhand der Biographieforschung vorführt. Das Biographiekonzept scheint auf eine besondere Weise geeignet, zwischen Einzelnem (Subjekt) und Allgemeinem (Gesellschaft) zu vermitteln sowie in methodologischer Hinsicht zugleich empirische und philosophische Zugänge zu ermöglichen. Als eine spezifische Variante der Biographieforschung erörtert Marotzki die Mikrologie, wie sie von Walter Benjamin theoretisch entwickelt und vertreten wurde. Im Konzept Benjamins treten allerdings problematische Aspekte auf: erkenntnistheoretische Schwierigkeiten (Benjamins Wahrheitsbegriff), Schwierigkeiten mit dem Erfahrungsbegriff (Benjamins Forderung nach Authentizität und Sinnhaftigkeit von Erfahrung) und geschichtsphilosophische Schwierigkeiten (Benjamins Messianismus). Marotzki versucht zu zeigen, wie sich diese Schwierigkeiten überwinden lassen und Benjamins Mikrologie-Konzept unter der Voraussetzung einer dementsprechenden „Relektüre" als „Grundlagenklassiker moderner erziehungswissenschaftlicher Biographieforschung" interpretiert werden kann.

Jürgen-Eckardt Pleines problematisiert die neuzeitliche Bildungstheorie, indem er ihre innere Spannung auf einen unversöhnten Widerstreit zwischen ihren wissenschaftlichen und metaphysischen Grundlagen zurückführt. Er weist zunächst auf die ursprüngliche Einheit von Philosophie und Wissenschaft in der frühen antiken Philosophie hin. Erst in der Neuzeit trennt sich die Wissenschaft konsequent von der Metaphysik, was aber nicht bedeutet, daß diese nun keine Rolle mehr spielen würde. Der Bildungsbegriff bildet ein Medium für die Auseinandersetzung zwischen Wissenschaft und Metaphysik, zugleich aber die Möglichkeit zur Vermittlung beider. Bildungstheorie, die auf metaphysische Reflexion verzichtet, treibt das Denken in Relativismus und Nihilismus; Bildungstheorie ohne Besinnung auf Metaphysik wird zu eindimensionaler Wissenschaft und vermag weder Wesen und Erscheinung noch Sein und Sollen konzeptionell zu vereinigen. Eine recht verstandene Idee von Bildung läßt beiden ihr Recht, wohl berücksichtigend, daß Wissenschaft ohne Metaphysik keine Richtung und keinen Zweck habe, während Metaphysik ohne Wissenschaft zur Weltanschauung degeneriere. –

Die philosophischen Ambitionen der hier abgedruckten Beiträge sind stark ausgeprägt. Dabei darf jedoch nicht übersehen werden, daß die meisten der hier vertretenen Autoren aus der Allgemeinen Pädagogik, einige aus der Philosophie selbst stammen. Es mag dies das Spezifikum der Allgemeinen Pädagogik sein, daß sie das Philosophische immer wieder in den Erziehungs- und Bildungsdiskurs einbringt. Zugleich scheint die Philosophie mit dem Hauptthema ihres nächsten Weltkongresses „Paideia: Philosophy Educating Humanity" zu signalisieren, daß der Erziehungs- und Bildungsgedanke nach wie vor wesentliches Moment des Selbstverständnisses philosophischer Reflexion ist. So darf von der Gegenwartsphilosophie auch ein Beitrag zu den im vorliegenden Band erörterten Fragen erwartet werden.

Philosophie
und
erziehungswissenschaftliche Theoriebildung

Wolfgang Fischer

Über die Bedeutung der Philosophie für die „Pädagogik als Wissenschaft"

I. Reminiszenz

Ich beginne mit einer persönlich gefärbten Reminiszenz, von der ich gleichwohl hoffe, daß sie geeignet ist, in die Problematik des Verhältnisses von Pädagogik und Philosophie, wie sie sich heute stellt, einiges Licht zu bringen und sie erörterbar zu machen. Die Reminiszenz ist die folgende. Für jene pädagogische Richtung, Strömung, Position, Schule, Sekte oder wie immer man es nennen mag, in der ich zufällig akademisch groß geworden bin, stand beinahe unumstößlich fest, welche Bedeutung der Philosophie für die „Pädagogik als Wissenschaft" zukommt. Ich spreche von der sogenannten prinzipienwissenschaftlichen Pädagogik oder – ein wenig umständlicher, dafür aufschlußreicher ausgedrückt – von der „auf transzendentalphilosophischer Grundlage aufbauenden Pädagogik", wie sie 1969 von einem der ihren des näheren charakterisiert worden ist.[1] Aus Anlaß vorliegender pädagogischer Tatsachen in ihrer „bunten Mannigfaltigkeit", Vielgestaltigkeit, Wechselhaftigkeit, auch Unverträglichkeit untereinander – oder prägnanter formuliert: aus Anlaß vorliegender Tatsachen und Erfahrungen, die als pädagogische oder pädagogisch relevante ausgegeben und darin sowohl von anderen – zum Beispiel ökonomischen – Tatsachen- und Erfahrungsbeständen unterschieden als auch nominell als zusammengehörig klassifiziert werden, suchte man nach den ihnen zugrunde liegenden logischen Bedingungen, denen sie ihren Anspruch auf pädagogische Valenz und Gültigkeit verdanken und in denen sie unabhängig von zeithaft-veränderlichen Zweckbestimmungen oder sonstigen Kontingenzformeln ordnungs-, begründungs-, rechtfertigungsfähig sind. Tatsachen und Erfahrungen, die zeitlich allemal am Anfang stehen und

---

1 So Heitger im Nachwort des von ihm herausgegebenen Sammelbandes (1969, S. 127).

keinesfalls außer acht gelassen werden dürfen,[2] – so ungefähr hieß es – begründen keine Tatsachen und Erfahrungen, und gemeint war damit, daß sie nicht zu Argumenten oder als Instanzen taugen, um den immer schon mitgebrachten oder vorausgesetzten Begriff der Pädagogik in seiner „wahren" Beschaffenheit, in seiner Funktion und in seinem Recht einsichtig zu machen – man kann auch sagen, um die immer schon, wenn auch unbedacht voraussetzungshaft fungierenden, sehr allgemeinen *Vorstellungen* über Erziehung, Bildung, Lehren, Lernen, Schule, „Lehr-gut" und so weiter „in die Sphäre des Begriffs" zu erheben, von wo aus die syn- und diachrone „Vielheit pädagogischer Erscheinungen" einschließlich pädagogischer Überzeugungen und „Lehrmeinungen" „erst überschaubar", damit „einheitlich faßbar" und in gewisser Weise prüfbar und beurteilbar wird.[3] Tatsachen und Erfahrungen selber beweisen, bestätigen und widerlegen hierbei nichts; daß beispielsweise mit gewissen regelhaften Schemata à la Formalstufen oder mit didaktisch-methodischen Arrangements à la fächerübergreifendem Projektunterricht oder unter „Hintansetzung", gar Eliminierung „des Erziehungsgedankens" (Petzelt) mehr oder wenig erfolgreich Unterricht betrieben werden kann, besagt schlechterdings nichts über die pädagogische Richtigkeit solchen Prozedierens beziehungsweise darüber, was der Sinn, was die „Norm" von Unterricht im System des Zusammenhangs aller pädagogischen Begriffe ist und fordert. Man bewegt sich im Bereich tatsächlicher Verhältnisse und tatsächlichen Verhaltens, deren Erforschung durchaus wichtig, nötig und „legitim" ist, aber weder für die Entdeckung der Voraussetzungen qua Grundlagen der Pädagogik noch für die Prüfung der Übereinstimmung von Tatsachen oder Fällen mit Prinzipien etwas „Wesentliches" hergibt.

Es dürfte ohne weiteres klar sein, daß im Rahmen eines so gearteteten (und jetzt nur ganz unzulänglich angerissenen) Verständnisses von der Aufgabe pädagogischer Wissenschaft oder Theorie die philosophische Frage „nach der Möglichkeit der Pädagogik", das heißt nach dem, was dem als pädagogisch gekennzeichneten „Wirklichen", was den konkreten

---

2 „Über den Umgang mit pädagogischen Tatsachen" in der prinzipienwissenschaftlichen Pädagogik informiert ein von Jörg Ruhloff und mir verfaßter Beitrag, in: Böhm/Wenger-Hadwig (i. Ersch.). Der Text kann als Ergänzung und Erläuterung des hier nur flüchtig Angedeuteten herangezogen werden. Überdies korrigiert er ein verbreitetes Fehlurteil über die Einstellung zur Empirie in der Pädagogik Alfred Petzelts.

3 Vgl. die ausführliche Erörterung des Verhältnisses von „Tatsachen und Begriff der Pädagogik" in Petzelt 1964, S. 36-44.

Fällen vermeintlich rechten pädagogischen Agierens, aber auch zeitlagegebundenen Denkens „in der logischen Dimension" bedingend zugrunde liegt, in den Mittelpunkt der „Betrachtungen" rückte. Dementsprechend liest man in einem verhältnismäßig einfachen Text Richard Hönigswalds aus dem Jahre 1931, daß im Problem der Erziehung, insofern es darum geht, „den Begriff der Erziehung als objektiv notwendig", also nicht bloß als in „gewissen Bedürfnissen", in „Überlieferung und Geschichte", in „Zweckmäßigkeit und Nutzen" oder auch in „Moral und Sitte" schon hinreichend sanktioniert „aufzuzeigen", „eine grundsätzliche, eine *philosophische* Aufgabe zur Erörterung" ansteht.[4] Oder in anderer hönigswaldscher Wendung: In „der Theorie der Erziehung", die „den letzten Sinn [...] jeder erzieherischen Praxis", „das Gefüge der Bedingungen, die erfüllt sein müssen, soll pädagogische Praxis überhaupt möglich werden", untersucht, „sind Pädagogik und Philosophie *eins*"; denn „wer einen Tatbestand auf seine letztdefinierten Bedingungen zurückführt, ihn in seiner 'Möglichkeit' erkennt, der treibt Philosophie"[5], und Philosophieabstinenz in der Pädagogik wäre dann – im Beispiel verdeutlicht – gleichbedeutend damit, über der empirisch-"sachlichen" und „historischen" Erforschung von Schulen als einem „Erfahrungsbestand der Pädagogik" die Frage nach dem „Begriff dieses Erfahrungsbestandes", mithin das *Problem* der Möglichkeit, des Sinns, der Voraussetzungen von Schule überhaupt als einer *pädagogischen* Organisation in den Wind zu schlagen und es dem subjektiven Meinen oder dem „Streit des Tages oder den Definitions- und Herrschaftsgelüsten Dritter und so weiter ganz und gar zu überlassen.[6]

Ähnlich lauten die einschlägigen Aussagen Alfred Petzelts, wie ich sie zu interpretieren geneigt bin. „Jeder ernstliche Versuch einer reinlichen Problemstellung innerhalb der Pädagogik" – so schrieb Petzelt 1946, nachdem er wieder veröffentlichen durfte, – zeige „sofort die Tendenz zur Philosophie".[7] Man denke etwa an das Lernen, daran, daß manche Menschen „wenig", andere „schlecht", wieder andere „ausgezeichnet" lernen und was dergleichen Erfahrungen mehr sind, und das wirft Fragen von der Art auf, woran es liegen könne und was gegebenenfalls zu tun sei. Aber solche Fragen und die auf sie erteilten, ihrerseits von Vorannahmen

---

4 Vgl. Hönigswald 1931, S. 728.
5 A. a. O., S. 729.
6 In Anlehnung an Hönigswald 1918, Kap. 11, Zi. 12.
7 Vgl. Petzelt 1967, S. 11.

oder operativen Modellen gesteuerten Antworten verweisen auf eine ganz andere Frage, nämlich, was „das Lernen [...] seinem [pädagogischen] Begriffe nach", also als ein Moment des *spezifischen*, einheimischen „Begriffsapparats" der Pädagogik ist. Natürlich kann man dieser Frage einfach aus dem Wege gehen, sie als unproduktiv oder abwegig beiseite schieben. Aber damit ist man nur scheinbar aus dem Schneider! Man hat sich zwar der Anstrengung des Begriffs enthoben, aber exekutiert gleichwohl irgendeine allgemeine *Vorstellung* von dem, was Lernen sei. Genau hier – und das gilt für „die Gesamtheit" der pädagogischen Problematik – liegt der Punkt, auf den Petzelt eindringlich aufmerksam macht, wenn er von der der Pädagogik gleichsam eingeschriebenen „Tendenz zur Philosophie" oder auch davon spricht, daß die theoretische „Durchdringung" der „Probleme der Pädagogik" einschließlich solcher „selbstverständlichen Angelegenheiten" wie Üben, Wiederholen, Prüfen, wie Vorbild-Sein, Ermahnen, Motivieren und so weiter „die philosophische Grundlegung erfordert". Das kulminiert in der nicht gerade unmißverständlichen (und von mir im Unterschied zum Original in eine andere Richtung gewendeten) Sentenz, die „Pädagogik" müsse „philosophisch werden", sei „als Wissenschaft grundsätzlich nur philosophisch möglich" – *oder* die „Bildungsaufgabe" schwanke „von einer Zweckmäßigkeit zur anderen, von einem 'Boden der Tatsachen' zum nächsten",[8] bleibe „im Erfahrungsmässigen allein", in der dubiosen Exklusivberufung auf Erfolg oder Bewährung „stecken" und verspiele dabei sowohl sich selbst in ihrem sich nicht im historischen Wandel erschöpfenden Eigensinn als auch die Menschen, indem sie, wenn auch vielleicht höchst effizient, bloß fertig gemacht werden, um irgendwelchen zeithaft gebundenen Mustern des Verhaltens zu genügen. „In philosophischer Fragestellung allein" – so heißt es im besonderen Rückblick auf die Pädagogik des Nationalsozialismus und die sie mitvorbereitende prinzipienlose, dafür mit Schlagwörtern wie „Lebensnähe" gespickte pädagogische Reformiererei im ersten Drittel des 20. Jahrhunderts – „vermag man auch unsere zeitgenössischen Wirrnisse, die wir als Unterrichts- und Erziehungskatastrophe allergrößten Ausmaßes anzusprechen haben, zu durchleuchten und damit zu überwinden."[9]

---

8 Vgl. Petzelt, 1963, S. 80.
9 Vgl. Petzelt 1967, S. 24; vgl. zum Ganzen auch Kauder 1997.

II. Skizze des Problems

Es interessiert – meine ich – in unserem Problemzusammenhang, dem generell am Verhältnis von Pädagogik und Philosophie gelegen ist, in erster Linie nicht, wie etwa Hönigswald, wie Petzelt, wie die prinzipienwissenschaftliche Pädagogik – übrigens durchaus nicht unisono – mit der sozusagen empirischen einschließlich der historisch-empirischen Seite des pädagogischen Tatsachen- und Erfahrungsbestandes in dessen „methodisch" geforderter Unabdingbarkeit, damit Theorie nicht in wirklichkeitsfremde leere oder dogmatisch-rationalistische oder sonstwelche hirngespenstige Spekulationen abdriftet, umgegangen ist. Ebensowenig interessiert – zunächst jedenfalls –, wie es speziell um den transzendentalphilosophischen Lösungsansatz, den als Analysis deklarierten Lösungsweg und den intendierten apriorisch-allgemeingültigen Lösungsertrag bestellt ist, mit welchen die „philosophische Pädagogik" glaubte, der pädagogischen Problemmasse – sei's im Ganzen, sei's auf die Grundlagenerörterung beschränkt – Herr zu werden. Gleichsam viel elementarer stellt sich doch wohl die Frage, ob zu dem, was man – etwas verfänglich – den zu untersuchenden, zu erforschenden Gegenstands- oder Aufgabenbereich der Erziehungswissenschaft (oder der „Pädagogik als Wissenschaft") nennen mag, auch – und zwar nicht ad libitum – eine Aufgabe oder ein Aufgabenkomplex gehört oder hinzuzunehmen ist, der nur von der Philosophie anzugehen und zu bewältigen ist; denn fehlt es an einer solchen Thematik oder entpuppt sie sich als eine des Scheins oder der geistigen Verirrung, dann kann ernsthaft von einer zumindest integrativen oder komplementären Bedeutung der Philosophie für die Erziehungswissenschaft oder gar davon, daß pädagogisch-theoretisch der Weg „unumgänglich" „ins Revier der Philosophie führt" (Petzelt), keine Rede sein.

Ich knüpfe hierzu noch einmal bei der prinzipienwissenschaftlichen Pädagogik, namentlich bei Petzelt, an, weil dessen Konzeption von pädagogischer Wissenschaft als philosophischer Prinzipienlehre ihren sie legitimierenden Ausgang bei einer solchen Thematik hat. Damit dürfte und kann vom exemplarischen Fall her, auch wenn er sich als nicht zustimmungsfähig oder als irrig herausstellen sollte, wenigstens *eine* grundlegende Möglichkeit diskutierbar sein, um in der Sache, ob die Erziehungswissenschaft der Philosophie bedarf oder verlust- und schadlos ohne sie auskommt, voranzukommen. Und die angesprochene *eine* grundlegende Möglichkeit ist eben genau die, daß entweder unter den zu untersuchenden, zu erforschenden Themen sich auf Philosophie beziehungsweise auf philosophische Erörterungen angewiesene befinden oder auf sie Fragen von der philosophischen Art appliziert werden können, deren grundsätzliche Vermeidung, Abweisung, Unterlaufung ganz und gar nicht harmlos ist, sondern Borniertheit dokumentiert.

Man kann Petzelts primäres Argument zugunsten des philosophischen Charakters wissenschaftlicher Pädagogik – und ich greife auf das Gesagte zurück – in loser Anlehnung an seine eigenen Darlegungen in aller Kürze folgendermaßen erläutern und auf den ausschlaggebenden Punkt bringen. Zum einen haben wir vor uns „das [pädagogisch] Tatsächliche", etwa „die vielen Formen pädagogischer Maßnahmen" in der Gegenwart und in der Vergangenheit, die „immer wieder" nach Zeit und Umständen „wechselnde, neu zu organisierende Mannigfaltigkeit pädagogischer Institutionen", den Wandel von Erziehungszielen und Bildungsidealen, die einschlägigen Lehren eines Platon, eines Rousseau, eines Pestalozzi, eines Herbart, nicht zuletzt die von anderen und die am eigenen Leibe gemachten pädagogischen Erfahrungen. Zum anderen steht „dem gegenüber" der „Begriff des Pädagogischen", besser: das *Problem* des Begriffs der Pädagogik bzw. das *Problem* der pädagogischen Begriffe und Prinzipien „im System ihres [spezifischen] Zusammenhangs", und zwar nicht als eines, das beziehungslos über den Wassern einer beständig in Veränderung befindlichen pädagogischen Wirklichkeit schwebt, sondern durch und durch an sie – wenn auch in Unabhängigkeit – gebunden ist. In einem bestimmten Sinne kann man demnach formulieren, auch das Problem des Begriffs oder der Begrifflichkeit qua „Begrifflichkeit" (Hönigswald) des Pädagogischen handle von Dingen *in* der Welt, von realen oder virtuellen *irdischen* Phänomenen, allerdings im Blick darauf, was ihre sie logisch-gegenständlich bestimmenden Grundlagen anbelangt, die sie allererst zu pädagogischen Tatsachen oder Erscheinungen machen und in denen ihr Anspruch auf pädagogische Geltung wurzelt.

Das braucht jetzt nicht weiter ausgeführt werden. Zu zeigen war am Beispiel Petzelts, daß dann eine nicht vorgängig-dogmatisch sich gegenüber gewissen Fragen abschottende Erziehungswissenschaft oder wissenschaftliche Pädagogik der Philosophie offensichtlich nicht entbehren kann, wenn in ihrem Aufgabenfeld Probleme auftauchen oder aufgeworfen werden können, die – erstens – nicht durch Tatsachenuntersuchungen sich lösen lassen, wie immer es im übrigen um deren metaphysische Vor- oder Unvoreingenommenheit bestellt sein mag, die – zweitens – nicht einfach wegzuwischen sind, auch wenn sie im pädagogischen Alltags- und Spezialistenwissen (samt dessen Entstehung, Erzeugung und Veränderung) normalerweise keine Rolle spielen, die – drittens – verheißen, in philosophischer Argumentation, Reflexion, Analyse, Spekulation, also mit den Werkzeugen philosophischen Denkens einem Ergebnis zugeführt werden zu können – um nur drei Bedingungen (in einer zugegebenermaßen etwas flüchtigen Diktion) zu nennen, die eine philosophieabstinente pädagogische Theorie als einen Torso erscheinen lassen, ohne daß damit bereits einem Prinzipat des Philosophischen in der Erziehungswissenschaft das Wort geredet ist. Für Petzelt war es die Begriffsproblematik der Pädagogik, die diese auf die Philosophie verwies; denn im Wege der Tatsachenforschung ist hier nichts zu holen, wenn es darum geht, die logisch-begrifflichen Voraussetzungen in ihrer „Allgemeingültigkeit und Notwendigkeit" zu erkennen. Vermutlich werden viele von uns heute nicht länger Petzelts nähere Bestimmung dieser Aufgabe als „Suche" nach letztdefinierten, letztgültigen, zeitlos-überzeitlichen apriorischen „Invarianten" teilen. Aber daß *bei Anerkennung einer pädagogischen Begriffsproblematik als Geltungs- oder Wahrheitsfrage* die philosophische Analyse, Reflexion, Argumentation die angemessene Form der Erkenntnis oder zumindest des Bemühens ist, die Sache der Pädagogik „tiefer", das heißt: weniger naiv zu verstehen, als sie in den kursierenden pädagogischen Allgemeinvorstellungen mit deren „konstitutive(r) Unbedachtheit der jeweiligen Voraussetzungen" (Rüdiger Bubner)[10] herumgeistert, dürfte schwerlich zu bestreiten sein. –

Nun fällt bei Petzelts Ruf nach der Philosophie auf – und damit spreche ich einen weiteren *generellen* Aspekt im zu erörternden Verhältnis von Pädagogik und Philosophie an –, daß seine einschlägigen Äußerungen (wie etwa jene, daß der „Weg zur Philosophie" für das pädagogisch-wissenschaftliche Denken „unumgänglich" sei oder daß „die Tendenz zur Philosophie" jeder radikalen pädagogischen Problemstellung innewohne und dementsprechend „eine Ausbildung in der theoretischen Pädagogik" gar nicht anders denn als „philosophisch", also in der Philosophie, zu bewerkstelligen sei)[11] gerade nicht besagen, daß die Pädagogik der Philosophie als Disziplin oder als exterritorialer „Grundwissenschaft" oder als Doktrin bedürfe. Anders gewendet: Die Relevanz des Philosophischen für die „philosophische Pädagogik" besteht nicht darin, bei irgendeiner philosophischen Lehre – etwa der Hegels oder Heideggers – oder bei der Philosophie als akademischem Fach Einkehr zu halten, um dort die Ant-

---

10 Vgl. Bubner 1986, S. 42.
11 Vgl. Petzelt 1967, S. 22.

worten auf die Grundfragen der Pädagogik in Empfang zu nehmen oder sie der Kompetenz der professionellen Philosophen zu überantworten. Die pädagogische Fragestellung – heißt es – ist „spezifisch auch gegenüber der Philosophie", ist „abzugrenzen" von Erkenntnistheoretischem, von der Ethik oder praktischen Philosophie, von philosophischen Anthropologien und so weiter, und das nicht wegen der Pluralität der Meinungen oder wegen des permanenten Streits unter den Philosophen, sondern weil die Pädagogik nach ihrer Epoche als theologisch oder philosophisch okkupiertes, fremdregiertes Gebilde, die sie bestenfalls, weil außerstande, ihre Grundlagen „aus sich selbst zu rechtfertigen", „praktisch gewendete" oder „konkrete Philosophie" im Sinne Paul Natorps sein ließ,[12] dann noch immer sich ihre maßgebenden Begriffe und Prinzipien „aus fremden Bezirken" erborgen würde, statt sie „aus den vorliegenden tatsächlichen Verhältnissen erwachsen" zu lassen,[13] was wohl heißen soll: statt sie aus Anlaß der stetig fluktuierenden gegebenen pädagogischen Faktizität immer von neuem als deren differenz- und ordnungsstiftende Möglichkeitsbedingungen zu erfragen und zu analysieren. Kurz: Die nicht auf Tatsachenforschung reduzierten pädagogischen Erkenntnis- und Theorieanstrengungen sind sozusagen *pädagogikintern* Philosophie oder autochthone, pädagogikimmanente philosophische Analyse und Reflexion. Man kann es vielleicht auch so erläutern: die Pädagogik hat im Zuge ihrer Ausdifferenzierung zu einem eigenständigen, wissenschaftlich ambitionierten *Theorie*system ihre ehedem der Ethik oder der „Philosophie als Ganzer" (Natorp) überlassene philosophische Dimension – äußerlich vergleichbar der Rechtsphilosophie im Corpus der Jurisprudenz – gleichsam mitgenommen, um sie in der festen Verbindung mit der pädagogischen Gesamtthematik und in sich fachlich auskennender, eigener Regie zu verwalten. Liegen die Dinge so und erreicht die philosophisch-prinzipienwissenschaftliche Pädagogik ihren hehren Zweck, dann dürfte es in der Tat schwerfallen, irgendeinen funktionellen Sinn der institutionalisierten „Philosophie schlechthin" (Hermann Lübbe) oder irgendeiner der diversen Philosophien für die Pädagogik als Wissenschaft auszumachen; denn was more philosophico in ihr zu klären ist – das Problem einer spezifischen, kohärenten, auf keine weiteren substantiellen Belehrungen angewiesenen begrifflich-kategorialen „Struktur des Bildungsproblems" (Petzelt) –, erfolgt gewissermaßen ohne verbleibenden Rest im eigenen Hause

---

12 Vgl. Natorp 1985, S. 150-227.
13 Vgl. Petzelt 1964, S. 308.

und damit auch unter Vermeidung der Gefahr, daß die pädagogischen Grundfragen und Grundlagen wiederum irgendwelchen dogmatisch-positionellen Philosophemen oder nicht minder dogmatisch-positionellen Verfahren, Denkstilen, Blickweisen anheimfallen und durch sie „verunreinigt" werden.

Dieses von mir etwas überspitzt dargestellte Verständnis von der Bedeutung der Philosophie für die „Pädagogik als Wissenschaft", das darauf hinausläuft, daß der Philosophie, insofern sie nicht pädagogik*intern* Philosophie als „Analysis" der regionalen apriorischen Bedingungen ist, keine wesentliche Bedeutung für die Pädagogik zukommt, konkurriert nun nicht bloß mit Konzeptionen, die noch immer, wenn auch zuweilen geschickt verschleiert, die Aufgabe der Bildungs- und Erziehungsphilosophie (oder der Allgemeinen Pädagogik als grundlagentheoretischer Teildisziplin der Erziehungswissenschaft) als so etwas wie eine Umsetzung weltanschaulich-philosophischer Auffassungen oder philosophischer Vorgaben inhaltlicher und/oder methodischer Art verstehen, sondern auch mit Überlegungen, die weder die restringiert-prinzipienwissenschaftliche noch eine normative Bedeutung der Philosophie für heute noch angemessen halten. Das Problem lautet mithin ungefähr so: Wenn überhaupt der Philosophie eine – bis auf weiteres wohl nur dezisionistisch bestreitbare – Relevanz für die wissenschaftliche Pädagogik nicht abzusprechen sein sollte, weil pädagogisch-erziehungswissenschaftliche Untersuchungen und Erörterungen auf Fragen philosophischer Art stoßen, – wie kann dann heute diesem Verhalten inhaltlich, methodisch und auch institutionell Bestimmtheit und Form gegeben werden, falls die Forderung nach Bestimmtheit und Form nicht – sagen wir: postmodernistisch – obsolet geworden ist und falls weder der sich selbst genügende restringierte noch der normative Typus der Verhältnisbestimmung unser Vertrauen verdient: jener nicht, weil – von anderen, gravierenden Bedenken abgesehen – die transzendentalphilosophisch-pädagogikinterne Analyse nicht zu den unanfechtbaren, letztdefinierten allgemeingültigen und notwendigen Prinzipien zu gelangen scheint,[14] dieser nicht, weil – wiederum von anderen, gravierenden Bedenken abgesehen – die affirmative Rückbindung an philosophische Auffassungen oder Vorgaben den Gedanken eines problematischen Eigensinns der Pädagogik gar nicht erst aufkommen läßt?

---

14 Immanent-Kritisches zur prinzipienwissenschaftlichen Pädagogik auf transzendentalphilosophischer Grundlage findet sich insbesondere in der Einleitung und in einigen Beiträgen in Fischer 1994, Fischer 1989 und Fischer 1996.

III. Zwischenbilanz und abschließende Thesen

Ich habe versucht, am exemplarischen Fall der transzendentalphilosophisch-prinzipienwissenschaftlichen Pädagogik, die – zum einen – sehr genau eine mögliche und die für sie entscheidende Problemstelle markiert hat, an der wissenschaftlich-pädagogisches Arbeiten „philosophisch werden" müsse, und die – zum anderen – die „unumgängliche" philosophische Theorieanstrengung von aller sozusagen fremdphilosophischen Beeinflussung, gar Überlagerung freizuhalten bestrebt war, auf zwei generelle Sachverhalte aufmerksam zu machen, die vielleicht dazu taugen können, die Diskussion um die Entbehrlichkeit oder Unentbehrlichkeit der Philosophie für die Erziehungswissenschaft und – gegebenenfalls – um die richtige Gestalt der Beziehung zwischen beiden sachlich-argumentativ ein Stück voranzubringen. Der erste Sachverhalt bezieht sich darauf, daß, um die Philosophie pädagogisch für unerläßlich oder wenigstens für keine Marotte zu erklären, eine zum pädagogischen Problemensemble gehörende Aufgabe (oder eine Reihe von Aufgaben) zu benennen wäre, die nicht anders denn als philosophisch zu behandeln ist. Hierbei spielt es keine Rolle, ob im alltäglichen pädagogischen Reden und Handeln oder in der laufenden, im Sinne Thomas Kuhns „normalen" erziehungswissenschaftlichen Forschungs- und Lehrtätigkeit eine solche Aufgabe überhaupt wahrgenommen wird, ja ernsthaft wahrgenommen werden kann, ohne daß die erwartungsgemäß funktionierende Lebens- oder Wissenschaftspraxis in unerwünschte Turbulenzen gerät. Pädagogisch-philosophische Aufgaben rechtfertigen sich nicht erst in einem – warum auch immer – ausgebrochenen Interesse thrakischer Mägde und Knechte an ihnen, so wie sie nicht schon ohne weiteres darin gerechtfertigt sind, daß zahlreiche philosophische Theorien, insbesondere jene, die das endliche menschliche Dasein zu begreifen und zu orientieren bestrebt waren und sind, zugleich – explizit oder implizit – mehr oder weniger beachtenswerte pädagogische Lehren enthalten.

Der zweite Sachverhalt betrifft die Frage, ob – gesetzt, es lassen sich innerhalb der pädagogisch-erziehungswissenschaftlichen Gesamtthematik philosophische Aufgaben benennen – sich deren Untersuchung, wie es der prinzipienwissenschaftlichen Pädagogik, aber auch – mit einigen Abstrichen – ihrer geisteswissenschaftlichen Konkurrenz vorschwebte,[15]

---

[15] Vgl. Flitner 1963, bes. S. 21. – Der Hinweis auf die geisteswissenschaftliche Pädagogik soll nicht die tiefgreifenden Differenzen zwischen der klaren Programmatik der „phi-

fachintern erschöpfen kann oder ob eine derartige Abgrenzung „gegenüber" der „Philosophie schlechthin" nachteilig und überdies in der Bekundung einer autochthonen Pädagogik- oder Erziehungswissenschaftsphilosophie nicht sogar (in einem außermoralischen Sinne) unredlich, weil selbsttäuschend ist. Immerhin steht Petzelts oder Hönigswalds Programmatik einer philosophischen Pädagogik unübersehbar im Banne des neukantianischen Geltungsbereichsapriorismus, und die erziehungsphilosophische „Besinnung" der geisteswissenschaftlichen Pädagogik ist nur in der Einbildung unabhängig von positionell-philosophischen Grundüberzeugungen. Das aber heißt generalisiert: Wenn – einerseits – von einer strikt fachintern verwurzelten und verbleibenden, mit keinerlei Anleihen oder Anlehnungen bei allgemeinphilosophischen Positionen operierenden, also durch und durch autarken Eigenphilosophie der Pädagogik nur in frommer Selbsttäuschung die Rede sein kann und wenn – andererseits – der Rückfall in „pädagogische Systeme vom normativen Typus" (Wilhelm Flitner), in denen „vorpädagogische" ethisch-philosophische, anthropologische, theologische, weltanschaulich-politische Sätze „über den Menschen, seine Natur, seine Bestimmung und seine Stellung in der Welt" lediglich pädagogisch ausgemünzt und zu allgemeinen „Handlungsanweisungen weitergeführt" werden,[16] kraß dem Konzept einer Erziehungswissenschaft oder wissenschaftlichen Pädagogik widerspricht, die, was das pädagogische Denken, was die „einheimischen Begriffe" und so weiter anbelangt, sich nicht als subalternes Vollzugsorgan in fremden Diensten versteht, – wie kann dann der Bedarf an Philosophie innerhalb der Erziehungswissenschaft befriedigt werden? Oder anders gewendet: Wie ist heute der Zusammenhang von Philosophie und Pädagogik jenseits der Illusion einer autochthon-autarken Pädagogik-Philosophie und jenseits der Unterwerfung pädagogischer Grundlagenfragen unter dogmatisch fungierende philosophische Lehrmeinungen zu fassen? –

---

losophischen Pädagogik" einerseits und der eher verschwommenen „Erziehungsphilosophie" der geisteswissenschaftlichen Pädagogik einebnen, sondern dient lediglich dazu zu zeigen, daß das Konzept einer in der Immanenz der Erziehungswissenschaft anzusiedelnden philosophischen Erörterung (oder „Besinnung") nichts Einmaliges ist und wahrscheinlich – historisch betrachtet – mit deren disziplinärer Verselbständigung eng zusammenhängt.

16 Ich greife hier auf die Kurzcharakteristik normativer Pädagogiken zurück, die Herwig Blankertz in der überarbeiteten Fassung seiner Münsteraner Antrittsvorlesung „Pädagogik unter wissenschaftstheoretischer Kritik" gegeben hat. Vgl. Blankertz 1971, S. 22.

Ich beschließe meine Ausführungen, die darauf aus waren, erst einmal im Rückgriff auf eine gewiß veritable, wenn auch nicht länger vertretbare Position der Vergangenheit dem meinem Eindrucke nach wenig klaren Problem einer Verbindung von Erziehungswissenschaft und Philosophie einiges Profil zu geben, mit zwei Thesen. Sie knüpfen an das Vorangegangene an, beanspruchen aber weder, sozusagen problemflächendeckend zu sein, noch gehobenem Anspruch an Systematik zu genügen.

Die *erste These* lautet: Eine sich der Philosophie enthaltende Erziehungswissenschaft verkennt, daß sowohl sie selbst als auch das, worauf sie sich – um verschiedenförmiges Wissen bemüht – richtet, abhängig ist von metaphysischen Fundamentalunterstellungen. „Eine 'Metaphysik' steht immer dahinter", so hat es 1967 Gerhard Funke lapidar in einer noch immer lesenswerten Auseinandersetzung mit „einer rein empirisch betriebenen Pädagogik" formuliert,[17] und im Auge hatte er dabei, daß immer – „offen oder geheim" – von so etwas wie einer „Wesensbestimmung des Erziehungsvorgangs Gebrauch gemacht wird". Sie schlägt sich nieder in den das Reden und Handeln, die Erfahrungen, das Beschreiben, Erforschen, Erklären, die Entwicklung von umfassenden und von partikularen Theorien und anderes mehr „tragenden", „steuernden" und legitimierenden sehr allgemeinen, lebensweltlichen Vorstellungen von der Sache, in den maßgebenden Begriffen, Kategorien, Einstellungen und auch den Methoden zur Erkenntnisgewinnung. Es kommt nun darauf an, ob sich die Pädagogik oder Erziehungswissenschaft solchen „unbewiesen hingenommenen Beweisunterlagen" in ihrer offensichtlichen Unerläßlichkeit „naiv überläßt" oder ob man „ihrer kritisch Herr zu werden versucht" (Funke), – nicht länger auf der Suche nach irgendeinem utopischen pädagogischen Absoluten, nach *dem* „ehernen [...] Gesetz des Begiffs der Pädagogik" (Petzelt), sondern in einer skeptisch-transzendentalkritischen Reflexion der „fraglos stehen gebliebenen Voraussetzungen und Bedingungen".[18] Daß hier ein eigenes, philosophisches Problem liegt, scheint mir unbestreitbar zu sein, auch wenn sich die darauf bezogene Leistung der Infragestellung von scheinbar festen oder für hinreichend beglaubigt gehaltenen Fundamenten fürs erste nur negativ bestimmen läßt und wenn eine positive Wendung der „Metaphysik-Funktion" über rhetorische Argumente nicht hinauskommen sollte.[19]

---

17 Vgl. Funke 1968, S. 62-93; außerdem Funke 1979.
18 Näheres hierzu in den Veröffentlichungen, vgl. Anm. 14.
19 Vgl. Helmer 1992, S. 370 ff., und Helmer 1996, S. 28-40.

Zweite These: Wenn sowohl der normative Typus der Verhältnisbestimmung von Philosophie und den pädagogisch sich aufdrängenden Grundlagenfragen als auch das Projekt einer selbstgenügsamen, alle positionell-dogmatisch-metaphysischen Standpunkte hinter sich lassenden „philosophischen Pädagogik" der Vergangenheit angehören und gleichwohl philosophische oder auf philosophische Erörterung verweisende Probleme aus der Pädagogik und ihrer wissenschaftlichen Bearbeitung nur durch Ignoranz eliminierbar sind, dann könnte die Bedeutung der „Philosophie schlechthin" darin liegen, die bei der Erziehungswissenschaft anzusiedelnde spezielle philosophisch-pädagogische Argumentation und Reflexion, die sich im Fach auskennt und die Sache überblickt – sie mag im übrigen eher positive oder negative Züge tragen –, durch ihre allgemein-philosophischen Untersuchungen und Thesen – zum Beispiel über die Möglichkeit und die Grenzen des Erkennens, über die Funktion von Begriffen, über das Verhältnis von Denken und Sein oder auch über sogenannte „letzte Fragen" – davor zu bewahren, sich als im eigenen Safte schmorende und wiederum zur Verfestigung einer Position neigende „Bindestrich-Philosophie" philosophisch zu isolieren. Die Beziehung wäre dann die einer wechselseitigen Offenheit, Korrektur, Bereicherung, Anregung, Provokation und so weiter, mag gleich sie einer institutionellen Regelung bedürfen oder nicht.

Literatur

Blankertz, Herwig, 1971, „Pädagogik unter wissenschaftstheoretischer Kritik", in: Oppolzer 1971

Böhm, W./Wenger-Hadwig, A. (Hg.), i. Ersch., *Von der Erziehungswissenschaft zur Pädagogik*

Borrelli, Michele/Ruhloff, Jörg (Hg.), 1996, *Deutsche Gegenwartspädagogik*, Bd. 2, Baltmannsweiler

Bubner, Rüdiger, 1986, „Über Argumente in der Philosophie", in: *Argumentation in der Philosophie (Neue Hefte zur Philosophie,* Heft 26), Göttingen

Fischer, Wolfgang, ²1967, *Einführung in die pädagogische Fragestellung. Aufsätze zur Theorie der Bildung*, Teil I, Freiburg i. Br.

Fischer, Wolfgang, 1989, *Unterwegs zu einer skeptisch-transzendentalkritischen Pädagogik*, Sankt Augustin

Fischer, Wolfgang, 1994, *Colloquium Paedagogicum. Studien zur Geschichte und Gegenwart transzendentalkritischer und skeptischer Pädagogik*, Sankt Augustin

Fischer, Wolfgang, 1996, „Pädagogik und Skepsis", in: Borelli/Ruhloff 1996, S. 16-27

Fischer, Wolfgang/Ruhloff, Jörg (Hg.), ²1985, *Paul Natorp. Pädagogik und Philosophie*, Paderborn

Fischer, Wolfgang/Ruhloff, Jörg, 1997, „Über den Umgang mit pädagogischen Tatsachen", in: Böhm/Wenger-Hadwig 1997

Flitner, Wilhelm, ³1963, *Das Selbstverständnis der Erziehungswissenschaft in der Gegenwart*, Heidelberg

Funke, Gerhard, 1968 „Die Problematik einer rein empirisch betriebenen Pädagogik", in: *Möglichkeiten und Grenzen des empirisch-positivistischen Ansatzes in der Pädagogik (Vierteljahrsschrift für wissenschaftliche Pädagogik*, Ergänzungshefte, Neue Folge, Heft 7), Bochum, S. 62-93

Funke, Gerhard, ³1979, *Phänomenologie – Metaphysik oder Methode?*, Bonn

Helmer, Karl, 1992, „Argumentation und Zustimmung", in: *Vierteljahrsschrift für wissenschaftliche Pädagogik* 68, S. 370 ff.

Helmer, Karl, 1996, „Systematische Pädagogik und theoretische Rhetorik", in: Borrelli/Ruhloff 1996, S. 28-40

Heitger, Martin, 1969, *Pädagogische Grundprobleme in transzendentalkritischer Sicht*, Bad Heilbrunn/Obb.

Hönigswald, Richard, 1931, „Vom Problem der Erziehung", in: *Pädagogische Warte* 38

Hönigswald, Richard, 1918, *Über die Grundlagen der Pädagogik*, München

Kauder, Peter, 1997, *Prinzipienwissenschaftliche Systematik und „politischer Impetus". Eine Untersuchung zur Pädagogik Alfred Petzelts*, Phil. Diss. Duisburg

Natorp, Paul, 1985, „Über Philosophie als Grundwissenschaft der Pädagogik", in: Fischer/Ruhloff 1985, S. 150-227

Oppolzer, Siegfried (Hg.), 1971, *Erziehungswissenschaft zwischen Herkunft und Zukunft der Gesellschaft*, Wuppertal/Ratingen

Petzelt, Alfred, 1967, „Pädagogik und Philosophie", in: Fischer 1967

Petzelt, Alfred, ³1964, *Grundzüge systematischer Pädagogik*, Freiburg i. Br.

Petzelt, Alfred, ²1963, *Von der Frage*, Freiburg i. Br.

Anton Hügli

Welche Philosophie für welche Pädagogik?

I. Die „alteuropäische" Idee der Einheit von Philosophie und Pädagogik

Nach gängigem Klischee hat Heinrich Roth mit der von ihm in seiner Göttinger Antrittsvorlesung von 1962 postulierten „realistischen Wendung in der pädagogischen Forschung"[1] die Phase der fortschrittlich-empirischen Erziehungswissenschaft eingeläutet. Daß dieses Klischee sich höchstens durch eine provinzielle Verengung des Blicks auf den deutschen Sprachraum behaupten kann und sich selbst innerhalb dieses Sprachraums nur durch Ausblendung einer ganzen Tradition – von Friedrich Eduard Beneke, Theodor Waitz, Friedrich Dittes u. a. im 19. bis hin zu Ernst Meumann, Hugo Münsterberg und Wilhelm August Lay im 20. Jahrhundert – aufrecht halten läßt, sei hier bloß nebenbei vermerkt. Offen bleiben kann auch die Frage, wie es mit dieser empirischen Wissenschaft als Wissenschaft steht und ob, angesichts der Diversität der an der empirischen Forschung beteiligten Disziplinen, von der Psychologie über die Soziologie bis hin zur Ökonomie, überhaupt von einer Wissenschaft im Singular die Rede sein kann.

Nicht uninteressant in unserem Zusammenhang dürfte dagegen das von den Protagonisten der empirischen Erziehungswissenschaft immer wieder hartnäckig unterschlagene Faktum sein, daß Heinrich Roth mit demselben Nachdruck, mit dem er das empirisch Werden der Pädagogik einforderte, an der scheinbar gegenläufigen Forderung Langevelds festhielt: „Die Pädagogik wird philosophisch sein oder überhaupt nicht sein."[2] Bis zur Erfüllung dieses Postulats ist allerdings noch ein langer Weg zu gehen.

---

1 Zuerst veröffentlicht in: *Neue Sammlung* 1962, S. 481 ff.
2 Roth 1971, Bd. 1 (^{4}1976), S. 33; vgl. Langeveld ^{3}1962, S. 164.

Eine überaus glückliche Ehe – dies läßt sich kaum bestreiten – ist die postulierte Verknüpfung von Philosophie und Pädagogik ohnehin nie gewesen, und zur Zerrüttung des Verhältnisses dürften beide Seiten ihr gerütteltes Maß beigetragen haben. Neben eher kontingenten situativen und personellen Schwierigkeiten sind dabei wohl auch prinzipielle Unvereinbarkeiten im Spiel gewesen. Nicht jede Art von Pädagogik ist eo ipso schon philosophietauglich und, umgekehrt, wohl auch nicht jede Philosophie im selben Maße pädagogiktauglich. Aber nur wo beidseitige Verträglichkeit sich trifft, steht die Ehe unter einem halbwegs guten Stern. Wer sich auf diesem Gebiet als Kuppler betätigen möchte, wird sich daher der Frage nicht entziehen können: Welche Philosophie denn eigentlich für welche Pädagogik?

Daß es zwischen Pädagogik und Philosophie historische Bezüge gibt, braucht wohl nicht besonders erwähnt zu werden. Vor der – sattelzeitkonform erst in der zweiten Hälfte des 18. Jahrhunderts erfolgten[3] – Geburt der Pädagogik resp. der Erziehungswissenschaft als Begriff und Disziplin, aber auch weit über ihre Geburt hinaus, sind Theorien der Erziehung immer auch Teil der Philosophiegeschichte. Von seiten der Philosophie wurde denn auch noch im 20. Jahrhundert, von Dilthey und Dewey über die Neukantianer bis hin zu Paul Haeberlin, immer wieder neu und mit wechselnder Begründung die These geltend gemacht, daß die Pädagogik im Grunde nichts anderes als „allgemeine Philosophie" oder „konkrete Philosophie"[4] sei und die „wahre Philosophie" umgekehrt – oder zumindest ihre „Blüte" und ihr „Ziel" – „Pädagogik im weitesten Verstande", „Bildungslehre des Menschen"[5], „Theorie der Erziehung in ihrer allgemeinsten Gestalt"[6].

Diese These ist auch leicht plausibel zu machen, wenn man von dem exoterischen Verständnis von Philosophie ausgeht, das Kant mit seiner immer wieder zitierten Unterscheidung zwischen der „Philosophie im Schulverstand" und der „Philosophie im Weltverstand" resp. in „weltbürgerlicher Bedeutung" geltend gemacht hat.[7] Philosophie in „weltbürgerlicher Bedeutung" ist nach Kant nichts anderes als Anthropologie; denn die drei Grundfragen der Philosophie (Was kann ich wissen? Was soll ich

---

3 Vgl. Hügli 1989, Sp. 3 f.
4 Natorp 1909, S. 48.
5 Dilthey ²1960, S. 7.
6 Dewey ³1964, S. 426.
7 Vgl. Kant 1800, S. 20; Vgl. Kant 1781/87, A 838 f./B 866 f.

tun? Was darf ich hoffen?) fielen letztlich in einer einzigen zusammen: Was ist der Mensch?[8] Die Anthropologie allerdings, die Kant dabei vor Augen steht, ist nicht, wie er es nennt, die Anthropologie in „physiologischer Hinsicht", in bezug auf das also, was die „Natur aus dem Menschen macht", sondern Anthropologie in „pragmatischer Hinsicht", d. h. in bezug auf das, was „der Mensch als freihandelndes Wesen aus sich selbst macht, oder machen kann und soll"[9]. Genau diese Frage aber nach dem, was der Mensch aus sich macht, aus sich machen kann und machen soll, ist im Grunde, und dazu braucht es keiner großen Hermeneutik, nichts anderes als die Leitfrage der Pädagogik selbst.

Die Grundfragen, welche die Philosophie nach dem Weltbegriff bewegen, gehören daher ebenso sehr auch ins Zentrum der Pädagogik: Was kann ich wissen? Und insbesondere: Was lohnt sich überhaupt zu wissen? Von welchen Prinzipien soll ich mich in meinem Denken und meinem Handeln leiten lassen, welche Zwecke soll ich mir setzen? Was kann ich mir von einem auf diese Weise geleiteten Leben erhoffen?

*II. Ein Irrweg der Pädagogik als möglicher Grund
für ihre Distanz zur Philosophie*

Warum aber – wenn diese Bezüge so offensichtlich sind – muß die Verknüpfung von Pädagogik und Philosophie immer wieder mühsam gesucht werden? Etwa darum, weil die Philosophie immer wieder dazu neigt, sich als Schulphilosophie esoterisch in sich zu verschließen?[10] Weil die Lehrstuhlinhaber der Philosophie nicht gern daran erinnert werden wollen, daß sie die Existenz ihrer Lehrstühle größtenteils der im 19. Jahrhundert erfolgten Funktionalisierung der Philosophie für die Bedürfnisse der universitären Lehrerbildung verdanken?[11] Dies mag zwar zutreffen, gehört aber eher unter die Rubrik des historisch Kontingenten. Aber es gibt auch tiefer liegende, nicht nur kontingente Gründe. Diese liegen m. E. in einer Zweideutigkeit in der Kantischen Anthropologie-Formel –

---

8 Vgl. Kant 1800, S. 25.
9 Kant 1798, S. 119.
10 Vgl. dazu z. B. Holzhey/Zimmerli 1977, insbes. die Aufsätze von Marten, S. 13-31, und von Holzhey, S. 117-138.
11 Vgl. Hügli 1989b.

was der Mensch aus sich macht, machen kann und machen soll, – an der sich, je nach Deutung, die man wählt, am Ende entscheidet, welchen Weg die Pädagogik geht, ob in die Philosophie hinein oder – zu ihrem eigenen Schaden – aus der Philosophie heraus. Die Zweideutigkeit besteht darin, daß Kants Terminus „Mensch" sowohl das Individuum wie auch das Kollektivum „Menschheit" meinen kann, und sie zeigt sich in der Frage, wie genau man es nimmt mit der Identität des Menschen, der macht, und dem Menschen, der gemacht wird.

Wo die Identität von Machendem und Gemachtem in einer Person zusammenfällt, ist dieses Machen „Selbstbildung"[12] im klassischen Sinn des Wortes, eine der Selbstbestimmung und Selbststeuerung dienende Tätigkeit, die von anderen höchstens unterstützt und allenfalls, bei den ersten Schritten, auch angeleitet werden kann. Paradigma dafür ist jene Art von Bildung, welche die antike Philosophie auf ihrer Suche nach einer Lebensführung aus der Vernunft und durch die Vernunft unter Begriffen wie dem der Selbstsorge, der Selbsterkenntnis oder Selbstbestimmung mit ihrem reichen Arsenal an erprobten Techniken und Theorien zu vermitteln versuchte – eine Tradition, die man erst heute wieder, angestoßen durch Forscher wie Paul Rabbow, Pierre Hadot oder Michel Foucault, neu zu entdecken sich anschickt.[13]

Es lassen sich aber durchaus auch andere philosophische Traditionsstränge in diesem Kontext sehen. Die Philosophie als „Aufklärung" zum Beispiel, die der Selbstveränderung dient, die das Gewußte in Beziehung zu setzen weiß zu dem Einzelnen selbst, zu seinem Selbstverständnis, seinen praktischen Interessen.

Falls Subjekt und Objekt des Machens jedoch in verschiedene Personen zerfallen, kommt es zu dem vertrauten „pädagogischen" Unterfangen der Zurichtung oder Abrichtung der einen Generation nach den Zwecken und Vorstellungen einer anderen, jenem Unterfangen, das die antiken Philosophen mit dem Begriff der Sophistik[14] verbunden haben und das

---

12 Der *Terminus* „Selbstbildung" taucht allerdings erst in der zweiten Hälfte des 18. Jahrhunderts auf (vgl. etwa Menze 1995, Sp. 379), explizit etwa bei Herder, für den alle Einwirkungen auf den Menschen nur den Sinn haben, uns „als uns selbst auszubilden, zu machen, daß jeder das ist, was Er und in der Welt kein anderer als Er seyn soll" (Herder 1889, S. 186).

13 Vgl. etwa Rabbow 1954; Hadot 1991; Foucault 1989.

14 Daß man die Sophistik aber auch anders sehen kann, zeigt etwa Buchheim 1986, der „das sophistische Anliegen" als einen „modus vivendi, eine Weise, sich durchzubringen durch die wechselhaften Läufte des Lebens" (S. VIII), darstellt.

man heute wohl am ehesten unter dem Begriff „Sozialtechnologie" subsumieren könnte. In Anlehnung an einen in anderem Kontext entwickelten Gedankengang möchte ich eine auf Selbstbildung abzielende, die Autonomie des Einzelnen respektierende Pädagogik als Autonomie-Pädagogik, die sozialtechnologisch gewendete Pädagogik als Kontrollpädagogik bezeichnen.[15] Aber inwiefern macht dieser Unterschied im Selbstverständnis der Pädagogik auch einen Unterschied in bezug auf das Verhältnis der Pädagogik zur Philosophie?

Die Antwort scheint zumindest in bezug auf die Autonomie-Pädagogik klar: Ihre Affinität zur Philosophie ist unübersehbar. Wie aber steht es mit der Kontrollpädagogik? Die Vermutung liegt zwar nahe: Wenn der zu Bildende oder zu Erziehende ein bloßes Objekt der Bildung ist, bleibt als einzige Aufgabe der Pädagogik die Entwicklung einer entsprechenden Verhaltenstechnologie.[16] Voraussetzung dafür ist die Erforschung des Menschen als ein Stück Natur: Unter welchen Bedingungen sind Menschen geneigt, ihr Verhalten beizubehalten oder in dieser oder jener Richtung zu ändern? Kenne ich die Gesetzmäßigkeiten des menschlichen Verhaltens, dann bin ich auch in der Lage, mit entsprechenden Maßnahmen die von mir jeweils gewünschten Verhaltensänderungen herbeizuführen – gemäß dem von Bacon und Descartes entworfenen klassischen Programm der auf Naturbeherrschung abzielenden neuzeitlichen Naturwissenschaften.

Selbst dieses Programm schließt allerdings nicht aus, daß Philosophie nicht doch noch ins Spiel kommt. Entscheidend dafür ist die Antwort auf die Frage, wer denn – und nach welchen Kriterien – darüber befinden soll, welche Erziehungseffekte erwünscht und welche nicht erwünscht sind. Wer sich, als positivistisch halbierter Technologe, auf den Standpunkt stellt, über diese Frage zu befinden sei nicht seine Aufgabe, dies könne man getrost dem jeweiligen politischen Auftraggeber, dem Spiel der gesellschaftlichen Mächte oder der gerade vorherrschenden religiösen oder weltanschaulichen Wertordnung überlassen, ist zwar in der Tat aller philosophischer Sorgen enthoben. Sofern der Pädagoge jedoch den Anspruch erhebt, über Wünschbarkeit oder Unerwünschtheit der angeziel-

---

15 Vgl. Hügli 1995.
16 Die wohl konsequenteste Ausformung dieses Gedankens findet sich in der sogenannten Experimentellen Pädagogik, die im Anschluss an Wilhelm Wundt von Ernst Meumann, Hugo Münsterberg und Wilhelm A. Lay entwickelt worden ist (vgl. Oelkers 1989a, S. 176-193).

ten Effekte selber urteilen zu können, ist das Risiko, daß er in den Sog philosophischen Fragens gerät, kaum zu vermeiden. Denn selber urteilen wollen, schließt die Bereitschaft ein, für sein Urteil auch Rede und Antwort zu stehen und Rechenschaft darüber abzugeben, warum man diese Effekte für gut, jene Effekte für nicht gut ansieht. Solche rechtfertigenden Gründe aber sind keine Frage des privaten Meinens und persönlicher Vorlieben; sie sind, wenn sie überzeugend sein wollen, im selben Maß und aus denselben Gründen öffentlich wie die Bedeutung der sprachlichen Ausdrücke selbst, in denen wir unsere Rechtfertigungen vorzutragen pflegen.[17] Ein Grund ist für mich nur dann ein Grund, wenn er auch für jeden anderen ein verständlicher und wenn möglich gar akzeptabler und gültiger Grund sein kann. Gründe, mit einem Wort, müssen verallgemeinerungsfähig sein. Und verallgemeinerungsfähig sind sie nur dann, wenn es mehr oder weniger wohldefinierte Verfahren gibt, mit deren Hilfe sich entscheiden läßt, ob der Geltungsanspruch eines Grundes zu Recht besteht oder nicht.

Welche Ansprüche an die Rechtfertigung von Behauptungen oder Forderungen jeweils gestellt werden, ist sicherlich kultur-, traditions- und sprachabhängig, und man kann sich auf den Standpunkt stellen, daß die nun einmal faktisch eingespielte Praxis des Argumentierens sich selber genüge. Allenfalls ist mit einer Topik nachzuhelfen. Auf der anderen Seite aber wird es wohl kaum eine Tradition geben, in der nicht die Unterscheidung gemacht würde zwischen dem, was wahr und gültig ist, und dem, was für wahr und gültig gehalten wird. Und mit dieser Unterscheidung ist auch immer die Möglichkeit gegeben, sich von dem, was faktisch gilt und als gültig akzeptiert wird, zu distanzieren und nach dem zu fragen, was tatsächlich oder wirklich gültig ist. Diese Frage aber verlangt ihrerseits wiederum eine Explikation der Kriterien, mit deren Hilfe wir zwischen dem vermeintlich Gültigen und dem tatsächlich Gültigen unterscheiden können, und spätestens an diesem Punkt sind wir schon mitten in der Philosophie, die, nach ihrer allgemeinsten Bestimmung und

---

17 Ein möglicher Weg, sich dies deutlich zu machen, bietet sich über den Regelbegriff: Sätze und Wörter müssen regelhaft verwendet werden, und jeder Regelverwender erhebt implizit den Anspruch, daß alle anderen sprachkompetenten Personen seinem Gebrauch der Regel im Prinzip zustimmen können sollten. Vgl. etwa Leist 1996.

wohl nicht erst nach der Wende, die ihr Kant gegeben hat, als „Kritische Theorie des Vernünftigen" angesehen werden kann.[18]

Auf einen kurzen Nenner gebracht: Selbst wenn man Kants Formel vom Menschen, der sich selber macht, im kontrollpädagogischen Sinn als Nicht-Identität von Macher und Gemachtem auslegt, kann sich der Pädagoge als Theoretiker oder Praktiker dieses Geschäfts nicht völlig davor bewahren, philosophisch zu werden. Nämlich spätestens dann, wenn er sich bei der Bestimmung des pädagogisch Erwünschten nicht der Vernunft der gerade bestehenden Macht, sondern der Macht der Vernunft zu unterwerfen versucht.

Die besondere Pointe – und paradoxe Folge – dieser Wendung zur Vernunft ist dann allerdings die, daß die für dieses Bildungsverständnis charakteristische Trennung zwischen Subjekt und Objekt des Machens zu verschwimmen beginnt. Denn, sich auf öffentliche Rechtfertigung einlassen, heißt, wie wir gesehen haben, verallgemeinerungsfähige Argumente verwenden zu müssen, d. h. Argumente, denen auch jeder andere – im Prinzip – zustimmen können sollte und die darum nicht nur mich, sondern auch jeden, der im Dialog hinzutritt – beispielsweise auch den zu Erziehenden – zu entsprechender Einsicht führen müßten. Nicht ich selbst bin es dann, der sein Mach-Werk an anderen vollzieht, sondern die Argumente sind es, die in ihm wie in mir selbst ihre Wirkung tun. Subjekt und Objekt dieses Bildungsprozesses, sofern man diese Sprache noch verwenden will, ist darum letztlich jeder für sich selbst.[19] Und wer immer mit dem Reflektierenden die pädagogische Reflexion durchläuft, tut es auf dieselbe Art wie der Reflektierende selbst, freiwillig, aus Einsicht, in eigener Verantwortung und in eigener Regie, kurz: autonom.

In unserem Zusammenhang heißt dies: Die Philosophieresistenz der Erziehungswissenschaft erklärt sich wohl am ehesten daraus, daß sie über weite Strecken von dem Paradigma einer reflexionslosen Kontrollpädagogik dominiert wurde. Wo die Reflexion einsetzt, kann sich aber auch die Kontrollpädagogik vor dem Philosophischwerden nicht bewahren, um

---

18 Ein überzeugender Verfechter dieser These ist Herbert Schnädelbach, so etwa in: Schnädelbach 1992, insbes. in den Aufsätzen zu Teil 1: „Philosophie als Theorie der Rationalität", S. 41-182.

19 Es liegt darum nahe, das eigentliche Ziel jeglicher Bildung in eben dieser Fähigkeit des Sich-Rechenschaft-Geben-Könnens zu sehen, eine Konsequenz, die in aller Entschiedenheit Richard S. Peters (vgl. 1977, S. 111 f.) gezogen hat: Bildung rechtfertigt sich dadurch, daß sie Bildung zur Rechtfertigung ist.

den Preis allerdings, daß die Kontrollpädagogik zur Autonomiepädagogik mutiert. Für die Autonomiepädagogik im Sinne der ersten Deutung der Kantischen Anthropologie-Formel aber gilt in der Tat die Langeveldsche These: „Die Pädagogik wird entweder philosophisch sein oder gar nicht sein".

Ist damit die Pädagogik auch schon bei der Philosophie oder vielleicht besser umgekehrt die Philosophie bei der Pädagogik? Dies muß noch keineswegs der Fall sein, und es wird sicher dann nicht der Fall sein, wenn die Fachphilosophie keine Veranlassung sieht, sich der noch so philosophisch inspirierten Pädagogik anzunehmen, weil sie sich für deren Fragen entweder für nicht zuständig oder für nicht kompetent genug ansieht oder für weder zuständig noch kompetent.

III. Eine Unzuständigkeitserklärung der neuzeitlichen Ethik als möglicher Grund für die Distanz der Philosophie zur Pädagogik

Betrachten wir zunächst den Fall der Unzuständigkeit. Eine nicht unvertraute Umschreibung der Philosophie lautet zwar: für alles zuständig, für nichts kompetent. Genau besehen ist es aber auch mit der Zuständigkeit nicht allzu weit her. Zu dem Zeitpunkt zum Beispiel, an dem die Pädagogik sich zu entstehen anschickte, wurden eben die Fragen aus dem Zuständigkeitsbereich der Philosophie ausgeklammert, die für die Pädagogik wohl am zentralsten sind.

Welches diese Fragen sind, will ich kurz am klassischen Beispiel einer pädagogischen Situation erläutern, der Ausgangssituation des Platonischen Dialogs *Laches*. Dieser Dialog beginnt bekanntlich damit, daß die beiden Feldherrn Nikias und Laches sich vor die Frage gestellt sehen, ob sie ihre Söhne in der Fechtkunst unterrichten lassen sollen oder nicht. Als Ratgeber ziehen sie Sokrates bei, durch den die pädagogische Frage unweigerlich die zu erwartende philosophische Wendung nimmt: Es gehe hier doch wohl um die Frage, ob das Fechtenkönnen für die Seele der zu Unterrichtenden gut sei, und diese Frage lasse sich nur beantworten, wenn man zunächst kläre, worin denn das besondere Gutsein, die besondere Tüchtigkeit (areté) der Seele überhaupt bestehe. Diese Ausgangslage macht auf exemplarische Weise das lebenspraktische Motiv jeglichen pädagogischen Denkens deutlich: Es geht um eine – auf das hic et nunc bezogene – Beratung darüber, welche erzieherischen Maßnahmen am besten und zum Besten des Zöglings ergriffen werden sollen. Und diese Frage wird unter den Auspizien der Antike unmittelbar zu einer philosophischen Frage, weil die Frage, um die es hier geht, ein Hauptgegenstand der antiken Philosophie war: was für ein Leben wir führen sollen, wenn wir ein gutes und sich erfüllendes Leben im Sinne der *eudaimonia* leben möchten.

Die moralische Frage nach dem *kalón*, nach dem, was sich in bezug auf den jeweils anderen geziemt, gehört dabei zwar mit ins Spiel, aber stets unter der Prämisse, daß moralisches Verhalten gegenüber den anderen letztlich immer auch glücksförderlich und darum im wohlverstandenen Eigeninteresse sei.

Im Unterschied zur antiken Ethik ist die neuzeitliche Ethik jedoch – jedenfalls in der maßgeblichen Kantischen und utilitaristischen Ausprägung – eine reine Sollensethik, für die das Verhältnis zum jeweils anderen im Mittelpunkt steht.[20] Die Frage dagegen, die für die Antike die primäre war, die Frage nach dem wahren Glück, ist keine philosophiefähige Frage mehr. Dies kann man explizit für Kant zeigen, aber es gilt ebenso auch für den Utilitarismus.

Aus Kants Sicht kann man sowohl subjektiv als auch objektiv nach dem Glück fragen: in bezug auf unser subjektives Glücksgefühl nämlich oder aber im Hinblick auf mehr oder weniger objektive Kriterien einer glücklichen Verfassung des Menschen. Eine solche objektive Bestimmung des Glücks im Sinne der Vollkommenheit ist nach Kant letztlich jedoch leer, unbestimmt und zirkulär[21] – indem man stillschweigend jene Verfassung als gut erklärt, die man ohnehin schon anstrebt, und das angestrebte Gute de facto allein danach beurteilt, wie weit es uns subjektives Glücksgefühl verschafft. Mit anderen Worten: Es gibt gar kein objektives Kriterium für Glück; es bleibt nur das subjektive Kriterium des Glücksgefühls, und dies bedeutet: Jeder muß selber sehen, ob das, was er will, ihn glücklich macht. Eine objektive, allgemeingültige Begründung gibt es hier – ganz anders als bei den moralischen Sollensurteilen – nicht. Für Kant gilt darum dasselbe wie für den Benthamschen Utilitarismus: Es läßt sich in-

---

20 Dieser Unterschied zwischen antiker und neuzeitlicher Ethik ist vor allem auch durch die Einwände der sogenannten Neoaristoteliker (vgl. dazu etwa Schnädelbach 1986, S. 38-63) gegen die universalisitischen Spielarten der Sollensethik wieder ins Bewußtsein gerückt worden. (Zur Replik vgl. Habermas 1991, S. 77 ff.) Eine gute Darstellung des Grundgegensatzes zwischen antiker und neuzeitlicher Ethik gibt Ernst Tugendhat, 1984, S. 33-56.
21 Vgl. Kant 1785, S. 443.

haltlich nicht unterscheiden zwischen den höheren und wahren und den sogenannten niedrigen Freuden. Glück kann alles sein, was uns eher Lust als Leid verschafft.

Die neuzeitlichen liberalistischen Rechtskonzeptionen haben dieser These noch eine zusätzliche normative Wendung gegeben: Jeder soll seines eigenen Glückes Schmied sein und sein Leben so gestalten können, wie er will. Philosophie und Politik können darum nicht nur nicht, sondern sollen auch nicht zuständig sein in Fragen des Glücks.

Welche Folgen diese neuzeitliche Halbierung der Ethik für die Pädagogik hat, ist absehbar. Selbst dort, wo die Philosophie – unter Berufung auf die seit den ersten Systementwürfen der Kantianer immer wieder repetierte Formel, Pädagogik sei eine aus Ethik und Psychologie gemischte Wissenschaft[22] – ihre Zuständigkeit für die Pädagogik explizit proklamiert, ist aus dieser Ethik gerade der Teil herausgeschnitten, auf den es pädagogisch schließlich ankäme: die letzten Endes gesuchte Glückseligkeit des zu Erziehenden, von der emphatisch noch die Philantropisten zu sprechen wagten[23] und die erkärtes Ziel auch der Utilitaristen war[24]. Übrig geblieben ist die nicht gerade glücksfördernde Frage, wie man den Einzelnen pädagogisch dazu bringen könne, das zu wollen, was er, seiner Pflicht gemäß, auch tun soll. Dies verstärkte zusätzlich noch die verhängnisvolle Tendenz, das Individuum als bloßes Instrument im Dienste eines

---

22 Vgl. etwa Greiling 1793, § 3: Die Pädagogik ist „eine Tochter der Moralphilosophie und der Psychologie". Vgl. auch Herbart 1887 (ND 1964), S. 69.

23 In der Erziehung unmittelbar angestrebt wurde von den Philanthropisten zwar die Vervollkommnung des Menschengeschlechts; letztes Ziel aber blieb die „Glückseligkeit" als der Zustand, in dem Vollkommenheit zum Selbstgenuß, zur „angenehmen" Empfindung geworden ist (vgl. etwa Trapp 1780, S. 3 ff., 7 f.; vgl. dazu auch Schrader 1928, bes. S. 10 ff.).

24 Vgl. James Mill in seiner Einleitung zu dem Artikel über Erziehung in der fünften Ausgabe der *Encyclopaedia Britannica* von 1808: „The end of education is to render the individual, as much as possible, an instrument of happiness, first to himself, and next to other beings" (Mill/Mill 1931, S. 1). Daß sich mit dem utilitaristischen Glücksbegriff Erziehung nicht rechtfertigen läßt, ohne irgendwelche Anleihen bei einer „objektiven", unterschiedliche Glückszustände bewertenden Theorie des Glücks zu machen, zeigt sich dann bereits bei John Stuart Mill, für den „Glück" im Sinn einer befriedigenden Lebensgestaltung nur dem Gebildeten möglich ist, der seine intellektuellen, moralischen und ästhetischen Interessen kultivieren konnte (vgl. etwa Mill 1969, S. 211, 216). Da es den Utilitaristen nie nur um das Glück des Einzelnen, sondern immer um das größte Glück insgesamt ging, bleibt natürlich auch der Utilitarismus eine reine Sollensethik.

angeblich höheren Willens zu sehen: wenn nicht des göttlichen, so doch des ewigen oder unbedingten Willens des Volkes, der Wirtschaft oder der Nation. Und dies wiederum leistete einmal mehr der Kontrollpädagogik Vorschub, in der Macher und Gemachte sich gegenüber stehen: die Macher als die Repräsentanten des höheren Willens und die zu Machenden, nämlich die Kinder und Jugendlichen, als die natürlichen Dissidenten und Rebellen gegenüber den Ansprüchen der höheren Vernunft.

Die einzig namhafte Opposition gegen diesen Trend, die Reformpädagogik[25] mit ihrer Forderung nach einer Pädagogik vom Kind aus, hatte diesem Trend nicht viel entgegenzusetzen, denn die von ihr ins Spiel gebrachten Kategorien der Kindgemäßheit[26] oder des sogenannten „Bildungsbedürfnisses"[27] sind derart verschwommene metaphysische Größen, daß sie sich weder als theorie- noch als besonders praxistauglich erweisen konnten. Philosophische Fragen jedenfalls wurden durch die reformpädagogische Berufung auf das Kind eher eingelullt als geweckt.

Es ist das Verdienst der Neukantianer, die Zuständigkeitsformel, mit der man im 19. Jahrhundert die Pädagogik philosophisch einzugrenzen versuchte, zumindest teilweise gesprengt zu haben. Die Beschränkung der Pädagogik auf Ethik und Psychologie sei völlig willkürlich, so argumentiert etwa Natorp, denn eine Pädagogik, welche die Aufgabe der Erzie-

---

25 Der Titel „Reformpädagogik" ist allerdings ein eher irreführender Sammelausdruck für verschiedenste Ansätze zur Reform von Schule und Erziehung am Ende des 19. Jahrhunderts (vgl. Oelkers 1989b). Der radikale Kern dieser Bewegungen, der sie auch von früheren Reformbewegungen unterscheidet, ist die strikte Orientierung am Kind und seiner Entwicklung, insbesondere an seiner Phantasie und Kreativität. Das Ziel der Erziehung soll nicht von aussen gesetzt werden, sondern – im Zeichen der Wachstumsmetapher der Erziehung – in der freien Entfaltung des Kindes liegen; Erziehung ist in diesem Sinn „progressive" Erziehung.

26 Das „Studium der Kinderpsychologie und die sich daraus entwickelnde Erziehungsperspektive" gilt darum als das „für unsere Zeit absolut Neue" (Key [14]1908, S. 198). Im französischen Sprachraum wird zu diesem Zweck eine eigene neue Disziplin kreiert: die sogenannte „Pädologie" (vgl. Hügli 1989, Sp. 21).

27 „Bildungsbedürfnis" ist der zentrale, an die Stelle der metaphysisch-philosophischen Begründungen tretende, sich selbst legitimierende Begriff bei J. R. Kretzschmar. Indem die Pädagogik das „Bildungsbedürfnis als oberstes Erkenntnisprinzip anerkenne", sei sie in eine „empirische Tatsachenwissenschaft" überführbar: „Für jede Lebensbedingung läßt sich als unbestreitbare *Tatsache* nachweisen, was an Bildung notwendig und unentbehrlich oder mindestens wertvoll ist; das Bildungsbedürfnis wird zum *Wertmesser* und *Wertmaßstab* gegenüber der unendlichen Fülle der erfahrungsgemäß gegebenen Gegenstände der Erziehung und des Unterrichts" (Kretzschmar 1921, S. 53).

hung, den „ganzen Menschen", „nach allen wesentlichen Seiten und Richtungen seiner Tätigkeit zu bilden", ernst nehme, müsse sich auf die Philosophie als „Grundwissenschaft" stützen können.[28] Zur Entwicklung des ganzen Menschen gehöre nämlich nicht nur die Entwicklung des Wollens, sondern auch die des Denkens und der schaffenden Phantasie; die Ziele und Mittel der Erziehung zu bestimmen sei daher nicht nur Aufgabe der auf das menschliche Wollen sich richtenden Ethik, sondern auch der übrigen normativen Wissenschaften: der Logik oder Erkenntnislehre, welche die Normen für die Tätigkeit des Erkennens, und der Ästhetik oder Geschmackslehre, welche die Gesetze „für die Tätigkeit der freischaffenden Phantasie" festlegt.[29]

Und die immer wieder ins Feld geführte Psychologie selbst könne nur von beschränktem Interesse sein, denn die genannten drei gesetzgebenden oder normativen Disziplinen bestimmten nicht nur das Ziel, sondern auch den Weg der Pädagogik. Zu ihrer Aufgabe gehöre es, „den Inhalt des menschlichen Bewußtseins in seiner letzten gesetzmäßigen Grundlage und seinem durch diese bestimmten Aufbau, seiner inneren Struktur [...] darzustellen und zu erweisen"[30].

Damit zeichnen nach Natorp diese Wissenschaften den gemeinsamen Weg der Bildung vor, den unterschiedslos alle zu erziehenden Subjekte zu durchlaufen hätten.[31] Die Psychologie dagegen, die Herbart zur Wegwissenschaft erklärt habe, könne dies alles nicht leisten, denn ihr Gegenstand sei nicht das, was den Menschen als Menschen, sondern „das einzelne zu erziehende Subjekt oder überhaupt die Verschiedenheit der Subjekte und deren entsprechend individuelle oder differenzielle Behandlung"[32] betreffe. Psychologie könne daher höchstens helfen, den Einzelnen immer wieder auf den allen gemeinsamen Bildungsweg zurückzubringen.[33] Verantwortlich aber nicht nur für das im Grunde nie erreichbare Ziel, sondern auch für jeden Schritt des gewiesenen Weges, sei die Philosophie.

Gerade die zentralste Frage der Pädagogik jedoch – warum und inwiefern denn die Unterwerfung der zu Erziehenden unter die Disziplin dieser normativen Disziplinen für sie eigentlich gut sei – wird auch in diesem

---

28 Vgl. Natorp 1909, S. 13; vgl. auch den Titel des 1. Kapitels.
29 A. a. O., S. 12.
30 A. a. O., S. 27.
31 A. a. O., S. 30-33.
32 A. a. O., S. 31.
33 A. a. O., S. 32 f.

Ansatz völlig ausgeklammert. Nicht persönliche Erfüllung ist gefragt, sondern Erfüllung der Norm.

IV. Die Rückbesinnung auf die Grundfrage der antiken Ethik als mögliche Chance für eine Rückkehr der Philosophie zur Pädagogik

Das Umdenken setzt in der Philosophie erst Mitte der 70er Jahre ein. Mit der sogenannten „Rehabilitierung der praktischen Philosophie"[34] wurde auch die antike Frage nach dem „guten Leben" wieder zu einem diskussionswürdigen Gegenstand. Verstummt ist diese Frage freilich nie, und insbesondere in der Nachkriegszeit hat sie sich mit wachsender Intensität, unter dem Deckmantel anderer Begriffe und in anderen Disziplinen allerdings, erneut wieder zu Wort gemeldet: unter dem Begriff des Selbstseins und der Selbstwahl in der Existenzphilosophie und der Existenzialen Daseinsanalytik (Binswanger, Keller, Kunz), unter dem Begriff „Selbstverwirklichung" in der Humanistischen Psychologie (so bei Rogers, Fromm, Maslow u. a.), in der Gestalt einer neuen Definition von „Gesundheit" – „health as a state of complete physical, mental and social well-being" – in der World Health Organization (WHO), mit dem Schlagwort der „Lebensqualität" – so unter Präsident Johnson in den USA, Willi Brandt in Deutschland – in der Politik und schließlich – über J.W. Forrester[35] und den ersten Bericht des Club of Rome[36] – weltweit auch in der politischen Ökonomie. Inzwischen aber haben „Glück" und „gutes Leben" auch in der Philosophie Konjunktur.[37]

Im Zug dieser neueren Diskussionen über „Glück" und „gutes Leben" ist auch die Einsicht gewachsen, daß eine Sollensethik ohne Ergänzung durch eine entsprechende Strebens- oder Klugheitsethik (je nach Aspekt kann man auch von Güter-, Glücks- oder Selbstethik sprechen) nicht bestehen kann und daß eine diesen komplementären Ansprüchen genügen-

---

34 Als Wendepunkt gilt allgemein der von Manfred Riedel 1972 herausgegebene Sammelband, in dem allerdings der Begriff des „guten Lebens" noch kaum thematisiert wird.
35 Vgl. Forrester 1969; ders. 1971.
36 Vgl. Medows 1972.
37 Aus der Fülle der Titel vgl. etwa Bien 1978, Annas 1993, Forschner 1993, Seel 1995, Wolf 1996. Ein besonders bemerkenswertes Dokument ist die von Martha Nussbaum und Amartya Sen herausgegebene Studie des „World Institute of Development Economics Research" (Nussbaum/Sen 1993).

de Ethik – Hans Krämer hat dies mit seinem gleichnamigen Buch[38] auf den Punkt gebracht – nur eine „integrative Ethik" sein kann.

Eine solche umfassende präskriptive praktische Philosophie aber, so die These von Krämer, wird für sich in Anspruch nehmen können und dürfen, der Orientierung in der Lebenspraxis und der Klärung alltagspraktischer Probleme zu dienen und explizit als Weisung oder als Beratung aufzutreten, d. h. handlungsleitende, praktizierende praktische Philosophie zu sein. Dadurch klärt sich auch ihr Verhältnis zur Pädagogik.

In Anbetracht dessen, daß die Pädagogik sich von der Kinder- und Jugendführung im engeren Sinne längst schon gelöst hat und das Gesamtleben des Menschen in Beschlag zu nehmen beginnt – mit Spezialgebieten wie Andragogik, Gerontogogik, Familien-, Sozial- und Heilpädagogik, Militär- und Industriepädagogik usw. –, kann man mit gutem Recht sagen, die Pädagogik habe das brachliegende Feld der antiken Strebensethik, die ja ebenfalls Zuständigkeit für alle Lebensaltersstufen beansprucht hatte, in ihre Obhut genommen. Pädagogik stellt sich darum, wie Hans Krämer betont, als „eine noch nicht wieder voll integrierte Residualform der Gattung Strebensethik dar, deren übrige Spezies dem neuzeitlichen Paradigmenwechsel zur Moralphilosophie zum Opfer gefallen sind"[39].

Die Wiederherstellung des Gesamtkonzeptes einer integrativen Ethik ziehe deshalb „mit einiger Folgerichtigkeit die Einordnung und Qualifikation der Pädagogik als Ethik und praktische Philosophie und zwar vorzugsweise als Strebensethik nach sich. Eine solche Subsumption liegt um so näher, „als wesentliche Grundbegriffe der gegenwärtigen Pädagogik philosophisch imprägniert sind oder schon zum Theoriebestand der älteren Ethik gehört haben"[40].

Es versteht sich von selbst, daß diese umfassende praktische Philosophie in ihrer beratenden Funktion auch alle moralischen Ansprüche der Sollensethik mit ins Spiel zu bringen hat – und gerade auch in dieser Hinsicht ihre Relevanz für die Pädagogik bestätigt. Denn eines der Grunddilemmata jeder Pädagogik zeigt sich in der Frage, wie weit Erziehung dem Wohl des Einzelnen und wie weit sie dem Wohl und den Bedürfnissen der Gesellschaft als ganzer zu dienen habe, wie weit es in Schule und Unterricht um Bildung und wie weit es um Ausbildung gehe. Die Abwägung zwischen dem, was dem Individuum dient, und dem, was ihm im

---

38 Vgl. Krämer 1992.
39 A. a. O., S. 210.
40 Ebd.

Namen der Gesellschaft, der Wirtschaft oder der Politik abgefordert wird, gehört darum zum Dauerthema pädagogischer Entscheidungen, das geradezu nach einer integrativen Ethik ruft.

Es ist auf der anderen Seite nicht weniger selbstverständlich, daß eine beratende praktische Philosophie sich nicht auf die rein normativen Fragen beschränken kann, sondern zur Klärung der Situation und zur Formulierung der möglichen Optionen all das mitzuberücksichtigen hat, was Bildungsforschung an deskriptiven Wissensbeständen zur Verfügung stellen kann. Dazu gehört insbesondere auch das psychologische Wissen. Denn die philosophisch angeleitete, auf Selbstbildung abzielende Pädagogik kann sich nicht davor verschließen, daß es immer auch eine „Naturseite" der Vernunft gibt, äußere, von unserem Willen unabhängige Bedingungen, die Lern- und Bildungsprozesse fördern oder verhindern können: von Gewohnheitsbildungen, Gedächtniskurven und neurotischen Störungen bis hin zu den Einflüssen des Lernklimas und der institutionellen Gegebenheiten. Es sind dies Bedingungen, die wie jedes andere Stück „Natur" erforscht werden können und denen Rechnung zu tragen ist, gerade wenn es darum gehen soll, Freiheit und Selbstbestimmungsfähigkeit zu erhöhen. Solches „pragmatisches", im Dienste der eigenen Zwecksetzung verwendbares Wissen über uns selbst zu gewinnen und in diesem Sinn empirisch zu werden, kann und muß darum, wie schon Kant[41] auf

---

41 Eines der schönsten Beispiele für diesen unterschiedlichen Gebrauch des psychologischen Wissens gibt Kant in der Vorrede zu seiner *Anthropologie* (S. 119): „Wer den Naturursachen nachgrübelt, worauf z. B. das Erinnerungsvermögen beruhen möge, kann über die im Gehirn zurückbleibenden Spuren von Eindrücken, welche die erlittenen Empfindungen hinterlassen, hin und her (nach dem Cartesius) vernünfteln; muß aber dabei gestehen: daß er in diesem Spiel seiner Vorstellungen bloßer Zuschauer sei und die Natur machen lassen muß, indem er die Gehirnnerven und Fasern nicht kennt, noch sich auf die Handhabung derselben zu seiner Absicht versteht, mithin alles theoretische Vernünfteln hierüber reiner Verlust ist. – Wenn er aber die Wahrnehmungen über das, was dem Gedächtnis hinderlich oder beförderlich befunden worden, dazu benutzt, um es zu erweitern oder gewandt zu machen, und hiezu die Kenntnis des Menschen braucht, so würde dieses einen Theil der Anhropologie in pragmatischer Absicht ausmachen, und das ist eben die, mit welcher wir uns hier beschäftigen". Ein nicht weniger sprechender Beleg ist Kants Plädoyer für Schulexperimente: „Man bildet sich zwar insgemein ein, daß Experimente bei der Erziehung nicht nöthig wären, und daß man schon aus der Vernunft urtheilen könne, ob etwas gut oder nicht gut sein werde. Man irrt hierin aber sehr, und die Erfahrung lehrt, daß sich oft bei unsern Versuchen ganz entgegengesetzte Wirkungen zeigen von denen, die man erwartete" (Kant 1803, S. 451).

exemplarische Weise betont und Heinrich Roth[42] bloß wiederholt hat, durchaus ein von der philosophischen Pädagogik begrüßtes Ziel sein: Bildungsforschung als unabdingbare Voraussetzung, nicht zur Generierung von Sozialtechnologie, sondern als Grundlage einer philosophisch reflektierten „Technologie des Selbst", um diesen Foucaultschen Terminus zu verwenden,[43] einer gesteigerten Verwertungskompetenz von Natureinsichten über uns selbst.

Mein Fazit über die Frage der Zuständigkeit der Philosophie: Die Bereitschaft der Philosophen, sich pädagogischer Fragen anzunehmen und pädagogische Fragen zu ihrem Anliegen zu machen, war offenbar noch nie so groß wie heute. Umgekehrt, dies soll nebenbei auch vermerkt werden, war die Annäherung der Pädagogik an eine – für Philosophie vielleicht eher empfängliche – Autonomiepädagogik noch selten so eindeutig wie jetzt. Der Hauptgrund dürfte wohl in den zunehmenden Schwierigkeiten der Kontrollpädagogik – Schwierigkeiten sowohl in theoretischer als auch praktischer Hinsicht – liegen, Menschen als Menschen unter pädagogische Kontrolle zu bringen. Wie eine gezielte Kausalwirkung von einer Person auf eine andere überhaupt möglich sein kann, dies bleibt das ungelöste Rätsel, mit dem in jüngster Zeit insbesondere die Systemtheorie – unter dem Stichwort „Technologiedefizit der Erziehung"[44] – die Erziehungswissenschaftler zu schockieren wußte. Der gegenwärtige Trend hin zu den sogenannten „subjektiven" Theorien und dem Paradigma des eigengesteuerten Lernens[45] kann als das stillschweigende Zugeständnis gedeutet werden, daß ohne das Zutun derer, auf die man einwirken will, auf die Dauer keine Einwirkung zu erhoffen ist, und daß Bildung, wenn es sie überhaupt gibt, letztlich nur Selbstbildung sein kann.

---

42 Vgl. etwa H. Roths Erörterung über die Förderung der moralischen Handlungsfähigkeit, in Roth 1971, Bd. 2, *Entwicklung und Erziehung*, S. 381-400. Roths Position bleibt allerdings ambivalent, Förderung der Mündigkeit ist zwar Ziel, aber Erziehung zur Mündigkeit scheint ein Geschäft, das nicht primär die zu Erziehenden, sondern die Erzieher selbst zu leisten haben.

43 Vgl. etwa die Titelformulierung in Foucault 1988. Foucault knüpft mit diesem Terminus an den antiken Begriff der Selbstsorge an, als Bezeichnung für jene Form der Selbstkultur, mit deren Hilfe ein Subjekt sich selbst konstituieren kann, statt nur ein Produkt heteronomer Mächte und Praktiken zu sein.

44 Einen entscheidenden Anstoß zu dieser Diskussion gaben im deutschsprachigen Raum Niklas Luhmann und Karl Eberhard Schorr 1982.

45 Einen aktuellen Trendüberblick in der nötigen Kürze gibt etwa Weinert 1996, S. 141-151.

Maßgebliche Bildungsforscher haben diesen Paradigmawechsel auch längst schon vollzogen. „Mein heutiges Forschungsparadigma der empirischen Pädagogik", so schreibt etwa Helmut Fend in einer soeben erschienenen Studie über Bildungsforschung in der Schweiz, „ist von einem Gegenstandsverständnis geleitet, das von objektivistischen Unterstellungen befreit ist und das von verstehbaren Subjekten ausgeht, von Lehrern, Eltern, Politikern, Kindern, die selber ein je eigenes Verständnis ihrer Situation mit je eigenen Optimierungsbestrebungen entwickeln. Pädagogik wird dadurch weniger eine des 'Einwirkens-auf' als des 'Verständigens-mit'. Auch Schulreform und Schulentwicklung erfolgen nicht in einem Überwältigungsmodell der Durchsetzung rationaler Ziel-Mittel-Überlegungen, sondern in einem Verständigungskonzept, das die Selbstverantwortung oder das Selbstverständnis der Betroffenen berücksichtigt und auf Selbstentwicklungsprozesse ausgerichtet ist."[46] Soviel also zum gegenwärtig laufenden Projekt, die Allzuständigkeit der Philosophie wieder herzustellen – ihre Zuständigkeit auch für die Pädagogik. Wie aber steht es mit ihrer Kompetenz?

V. Das Gerangel um die Kompetenz und wie es zu lösen wäre

Ich fürchte, daß die Frage nach der pädagogischen Kompetenz der Philosophie in dieser Form nicht traktierbar ist. Denn um sie beantworten zu können, müßte man schon wissen: kompetent wofür? Kompetent dafür etwa, den praktizierenden Pädagogen sagen zu können, wie sie als Beauftragte für Erziehung und Bildung handeln müssen, wenn sie zum Besten der Betroffenen und zum Besten von uns allen (als ob dies schon dasselbe wäre) handeln wollen?

Schon diese Formulierung selbst riecht nach kontrollpädagogischer Küche: Irgendwer wird schon wissen, was das Gute ist, d. h. was die erwünschten Verhaltensweisen und Dispositionen der zu Erziehenden sind, und es ist Sache der Praktiker – mit deren pädagogischer Eigenkompetenz es offensichtlich auch nicht weit her ist –, diese Verhaltensweisen und Dispositionen auch zu erzeugen. Aber um solche Konzeptionen des Gutseins zu verkünden, brauchen wir keine Philosophen. Theologen, Welt-

---

46   Fend 1996, S. 31.

anschauungsprediger und andere Usurpatoren des Geistes besorgen diese Arbeit weit besser.

Autonomiepädagogisch gewendet müßte die Aufgabe der pädagogischen Theorie eher so formuliert werden: Wie können wir den Praktikern helfen, gemeinsam mit den ihnen in Erziehungs- und Bildungszusammenhängen anvertrauten Personen die pädagogischen Handlungen und Maßnahmen zu bestimmen, von denen man mit Recht sagen kann, daß sie zum Besten jedes einzelnen und zum Besten aller sind?

Aber brauchen Praktiker in dieser Hinsicht überhaupt Hilfe – Hilfe von Seiten der Philosophie? Geht es nicht bei allem, was Erziehung und Unterricht betrifft, immer auch um die Frage des Guten und des Besseren? Um den „guten Schüler", den „guten Unterricht", die „gute Lehrerin", die „gute Schule"? Und braucht es für die Herstellung dieses Gut-Seins besondere, eigens dafür zuständige Personen, die neben dem Vielen, was sonst zu tun ist, gleichsam noch für das Gute sorgen? Zuständig und auch kompetent dafür sind doch wohl alle, und in diesem Sinn kann die Praxis durchaus für sich selber sorgen, nicht nur praktisch, sondern auch theoretisch.

De facto hat sie dies auch immer schon getan. Schulbeispiel dafür ist die Schulpädagogik des 19. Jahrhunderts und ihre noch wenig erforschte Fortsetzung im 20. Jahrhundert: diese überaus reiche Zeitschriften-, Kompendien- und Handbuchliteratur, mit der theoretisierende Praktiker – unbekümmert um die Diskurse der wissenschaftlichen Pädagogik – sich offensichtlich mit Erfolg gegenseitig über ihre Praxis belehren, durch Austausch von Erfahrungen und von mehr oder weniger gutgemeinten Rezepten, wie man in der Praxis am besten verfährt bei der Wahl der Unterrichtsmethoden zum Beispiel oder bei Problemen mit der Einhaltung der Disziplin.[47]

Das Elend dieser im schlechten Sinne autarken Schulpädagogik liegt darin, daß sie darauf angelegt ist, Schule zu belassen, wie sie ist – und sich dessen – Stichwort „Bewahrung des Bewährten" – auch noch zu rühmen. Sie neigt zur Immunisierung gegen alle sozial unerwünschten Erkenntnisse der Bildungsforschung, welche die üblichen pädagogischen Wirkungsannahmen Lügen strafen würden, und zur Abschirmung gegen jede kritische Nachfrage nach dem Sinn ihres Tuns.

Unter den Normalbedingungen des Schul- und Unterrichtsbetriebs, in dem es vor allem darum geht, das Geschäft in Gang zu halten, mag diese

---

47 Einen guten Einblick in diese Literatur vermittelt Oelkers 1989a, S. 116-137.

pädagogische Autarkie vielleicht noch auszureichen scheinen. Für den Fall allerdings, daß die Frage aufkommen sollte – und dies braucht nicht erst dann der Fall zu sein, wenn wieder einmal die „Bildungskatastrophe" ausgerufen wird oder eine antipädagogische Bewegung im Namen der malträtierten Jugend „ein Ende aller Erziehung" fordert –, wozu denn eigentlich gut sei, was man als Praktiker für gut hält, zeigt sich auch schon die Unzulänglichkeit der sich selbst überlassenen pädagogischen Reflexion. Eine Kostprobe davon geben bereits die ersten Versuche, aus der reflexiven Verstörung wieder auszubrechen, in die diese kleine Frage führt.

Gesetzt nämlich, die grundlegende Frage von Bildung und Erziehung sei tatsächlich die Frage nach dem „guten Leben", so stellt sich auch schon das Folgeproblem. Was macht dann eben dieses „gute Leben" aus? An welchen Kriterien soll es gemessen werden? Es gibt, wie in der vorausgehenden Erörterung der neuzeitlichen Ethik bereits angedeutet, mindestens drei verschiedene Theorien des „guten Lebens", die sich hier das Feld streitig machen. Ich will sie im folgenden als die hedonistische Theorie, die Wunscherfüllungstheorie und die Theorie des „objektiv Guten" bezeichnen.

Nach der hedonistischen Theorie besteht das einzige Kriterium für „gutes Leben" darin, wie wir dieses Leben subjektiv erfahren, ob wir die mentalen Zustände, in denen wir uns befinden, als lustvoll oder leidvoll, als beglückend oder unerträglich empfinden. Gut lebt, wer sich „glücklich" fühlt.

Für die Wunscherfüllungstheorie ist das Kriterium des „guten Lebens" nicht, wie die betreffende Person sich fühlt, sondern ob und inwieweit die Wünsche (oder zumindest die meisten und wichtigsten), welche die Person zum jeweiligen Zeitpunkt hat, tatsächlich auch erfüllt sind, d. h. inwieweit Wunsch und Wirklichkeit miteinander übereinstimmen. Gutes Leben ist demnach der Zustand einer Person, der es, im Sinne der Kantischen Definition des Glücks, im Ganzen ihres Daseins nach Wunsch und Willen geht.

Die Theorie des „objektiv Guten" geht davon aus, daß ein gutes Leben aus mehr besteht als aus erfüllten Wünschen oder Glücksgefühlen. Es müßte ein Leben von der Art sein, daß es, nach der Ansicht des Urteilenden, in sich selber gut ist oder zumindest gut als Mittel für Dinge, die in sich selbst gut sind. Zu solchen „objektiv guten" Dingen zählen etwa gewisse Güter oder gewisse Fähigkeiten oder Freiheiten, von denen angenommen werden kann, daß alle Personen, wenn sie hinreichend informiert und hinreichend rational wären, sie für sich erstreben würden.

Von welcher dieser Theorien soll man sich auf der Suche nach dem „guten Leben" leiten lassen? In der gegenwärtigen philosophischen Diskussion scheint, unter Führung von Martha Nussbaum und Amartya Sen, das Pendel eher wieder zugunsten der – in der neuzeitlichen Tradition verpönten – Theorie des „objektiv Guten" auszuschlagen.[48] In pädagogischer Hinsicht bedenkenswert dürften jedoch die offensichtlichen Defekte sowohl der Theorie 1, der hedonistischen Theorie, wie auch der Theorie 2, der Wunscherfüllungstheorie, sein. Ihre an sich durchaus löbliche Voraussetzung besteht zwar darin, in einem gut liberalistischen Sinn das Individuum selbst zum höchsten Bezugspunkt seines Glücks zu machen. Glücksförderung bestünde dann nur noch darin, dafür zu sorgen, daß die vom Einzelnen gewünschten Glückserlebnisse (gemäß Theorie 1) oder eine seinen Wünschen entsprechende Welt (gemäß Theorie 2) geschaffen werden, sei es direkt – durch die „Fürsorge" der anderen – oder indirekt, durch Bereitstellung der nötigen Mittel zur „Selbstsorge". Das notorische Problem dieser Theorien bleibt: Es mag Glücksdispositionen oder -präferenzen geben, bei denen es schwerfällt, sie unbesehen hinzunehmen und der Erfüllung zuzuführen, z. B. sadistische Dispositionen, xenophobe oder sexistische Wünsche. Sie stellen uns vor die schwierige Frage, ob es nicht besser wäre, moralisch besser und vielleicht auch für den Einzelnen besser, diese Wünsche oder Dispositionen nicht zu haben und eher auf ihre Veränderung hinzuwirken als auf ihre Erfüllung. Sich einzulassen auf einen solchen Prozeß der Wunsch- und Dispositionsveränderung, der Selbstveränderung schlechthin, ist jedoch nichts anderes als das, was man als Bildung zu bezeichnen pflegt. Die grundlegende Bildungs-Frage lautet daher nicht: „Wie bekomme ich das, was ich will (oder was mir Lust verschafft)?", sondern vielmehr: „Was soll ich überhaupt wollen?" „Woraus soll ich überhaupt meine Lust ziehen?" Mit dieser Frage aber sind Theorie 1 und 2 hoffnungslos überfordert; denn Veränderung von Wünschen und Dispositionen kann wohl kaum als eine Form von Wunscherfüllung angesehen werden. Andernfalls wäre beispielsweise das von der Theorie 2 angestrebte Glück, die Übereinstimmung von Wunsch und Realität, auf höchst einfachem Wege herzustellen: indem man dort, wo diese Übereinstimmung nicht besteht, nicht die Welt den

---

[48] Vgl. dazu etwa in Nussbaum/Sen 1993, neben den Beiträgen der Herausgeber, die Artikel von G. A. Cohen, D. Brock und Th. Scanlon (S. 9-29, 95-132, 185-200).

Wünschen, sondern die Wünsche der Welt anpaßt, d. h. indem man sich dazu bringt, nur noch das zu wollen, was man ohnehin schon hat und was ohnehin schon der Fall ist – nach dem Beispiel jenes Generals etwa, der mit dem Ruf: „Laßt meine Seite siegen!" zur siegreichen Seite überlief.

Ist dies jedoch alles schon ein hinreichender Grund, irgendeine Version von These 3 zu wählen? Auf welchem Weg denn sollen die objektiven Bestimmungen gewonnen werden, und in welchem Sinn, wenn überhaupt, sind sie „objektiv" zu nennen? Müssen wir unterstellen, daß es so etwas wie eine gleichbleibende Natur des Menschen und eine kulturunabhängige Bedeutung des „guten Lebens" gibt? Oder ist das Ideal des „guten Lebens" abhängig von den jeweils vorherrschenden kulturellen und sozialen Vorstellungen? Wo aber bleibt dann die „Objektivität"? Es ist hier nicht der Ort, diesen Fragen nachzugehen. Eines dürfte jedoch bereits klar geworden sein: Mit Fragen dieser Art ist der pädagogische Alltagsverstand hoffnungslos überfordert. Gefragt ist nun plötzlich eine andere Art von Kompetenz: nicht die Kompetenz, zu sagen, was das „gute Leben" und das pädagogisch Gute wirklich ist – denn eine solche autoritative Antwort kann es in diesem schwierigen Feld nicht geben und dürfte es, wie wir schon feststellten – autonomiepädagogisch – auch gar nicht geben –, wohl aber die Kompetenz, solche Fragen traktierbar und methodisch handhabbar zu machen und mögliche Antworten daraufhin überprüfen zu können, ob und inwiefern sie überhaupt vernünftig sind oder nicht, einsichtig, zustimmungsfähig, akzeptabel oder wie immer man das nennen will. Nicht substantielles Wissen also ist gefragt, sondern prozedurales und kriteriologisches Wissen. Die herangezogenen Wertwörter zeigen auch an, um welche Prozeduren und Kriterien es geht: um solche der diskursiven Rationalität – Regeln, Verfahren und Kriterien, die zu entscheiden gestatten, welche Wahrheitsansprüche von Aussagen und welche Richtigkeitsansprüche von Handlungsempfehlungen eingelöst werden können und welche zurückzuweisen sind.

Wo aber ist diese Kompetenz zu suchen? Selbst wenn man – autonomiepädagogisch konsequent – jeder Person zubilligt, daß sie sehr wohl unterscheiden können müßte zwischen dem, was vernünftig scheint, und dem, was wirklich vernünftig ist, bedeutet dies noch keineswegs – Gilbert Ryles' Unterscheidung zwischen „knowing that" und „knowing how" läßt grüßen –, daß diese Person auch sagen kann, was denn das Vernünftige überhaupt ausmacht und welchen Vorstellungen von Vernünftigsein sie stillschweigend folgt. Die Kompetenz, die es dazu braucht, ist – in Ermangelung jeglicher Alternative – eben jene, die von Alters her von der

Philosophie verwaltet zu werden pflegt: die Kompetenz, die in der Praxis stillschweigend befolgten Diskursverfahren und Rationalitätskriterien zu thematisieren und ihrerseits einer diskursiven Prüfung zu unterziehen. Gefragt ist, mit anderen Worten, die Philosophie als Reflexionswissenschaft. Und nach dem linguistic turn in der Philosophie wird dies zunächst und primär einmal heißen: Philosophie als eine auf die logischen Eigenschaften der sprachlichen Ausdrücke gerichtete Reflexionswissenschaft.[49] Zum Gegenstand dieser Philosophie – Stichwort: nicht abschließbare, aufgestufte Reflexion – gehört selbstverständlich auch die Frage, wie es um die reflexive Kompetenz dieser Reflexionswissenschaft eigentlich steht und was man vor ihr erwarten kann und darf. Wie aber auch immer das Ergebnis dieser Reflexion der Reflexion aussehen mag, so viel sei doch vorweggenommen: Solange das Ergebnis nicht absolute Skepsis ist in bezug auf jegliche Möglichkeit rationaler Rechtfertigung[50] oder ein ebenso absolutes Pochen auf letzte, nur den Philosophen zugängliche Gewißheiten[51], wird das, was Philosophinnen und Philosophen

---

49 Auf welche Weise die logische Analyse sprachlicher Ausdrücke eine Basis abgeben kann für die Erörterung substantieller moralischer Fragen, hat, mit wohl größter Konsequenz, Richard M. Hare dargelegt. In unserem Zusammenhang von besonderem Interesse sind etwa die in Hare 1992 gesammelten Aufsätze.

50 Diese Position wird in der gegenwärtigen Diskussion prominent vor allem von Rorty (1979) vertreten, der in immer neuen Variationen die traditionelle „platonische" Unterscheidung zwischen „überreden" und „überzeugen" als sinnlos deklariert. An diesem Unterschied könne nur festhalten, wer noch immer der irrigen Vorstellung verhaftet sei, daß es in der Philosophie um Wahrheit gehe, um den Versuch, Aussagen darüber zu machen, was das Wesen der Dinge irgendwo „draußen in der Welt" sei. Rortys Position stößt jedoch – zu Recht – auf ebenso entschiedene Ablehnung; denn sie rennt gegen eine Unterscheidung an, die wohl kaum als Erfindung irregeführter Philosophen abgetan werden kann, sondern in jeder Sprache oder zumindest in der Sprache „aufgeklärter" Gesellschaften schon angelegt ist. Einen guten Einblick in den Diskussionsstand geben etwa die Beiträge von Ernst Tugendhat, Friedrich Kambartel und Anton Leist (in der Nummer 2/1996 der *Deutschen Zeitschrift für Philosophie*, S. 245-247, 249-254, 255-258) und von Jürgen Habermas (5/1996, S. 715-741). Diese Kontroverse ist zugleich ein sprechendes Beispiel für die Tragweite grundlegender philosophischer Debatten auch für die Pädagogik selbst.

51 Gegenüber allen Versuchen philosophischer Letztbegründung liefert Rorty in der Tat ein nützliches Korrektiv. Rechtfertigung und Begründung gibt es immer nur im Hinblick auf eine bestimmte Zuhörerschaft und nicht für jedes beliebige Publikum. Man kann sich darüber streiten, wie weit in jeder Art von Rechtfertigung bereits ein Vorgriff gemacht wird auf eine idealisierte, die faktische Zuhörerschaft transzendierende Zuhörerschaft, aber jede Letztbegründung schießt über das Ziel hinaus, indem sie einen Vorschein beansprucht auf die am Ende der Geschichte liegende, absolut ideale Kom-

klärend beizubringen haben, nicht ohne Bedeutung sein für die alltäglichen Entscheidungen der in der Praxis Handelnden, vor allem dann nicht, wenn die Philosophierenden sich nicht davor drücken, die von ihnen gewetzten methodischen Messer auch selber einzusetzen bei der Beratung der Handelnden im Erziehungsfeld. Die Verpflichtung zur Teilnahme an der Praxis hat nicht zuletzt, sofern Philosophen dies noch nötig haben sollten, auch pädagogische Bedeutung für sie selbst: Diese Verpflichtung zwingt sie zu jener Naivität, die – im Unterschied zu den positiven Wissenschaften – auch die Philosophie selbst kennzeichnet: die Naivität, nicht bei bloßen Vermutungen und Hypothesen stehen zu bleiben, sondern irgendwo „anzukommen" und – wie man dies auch von jedem Handelnden erwartet – die Antwort zu ergreifen, für die man sich mit seiner Person verbürgen kann.[52]

Ich komme zum Schluß. Meine Ausgangsfrage war: Welche Philosophie für welche Pädagogik? Meine Antwort lautet: Eine analytisch geschulte, integrative, die Frage nach dem guten Leben einschließende Ethik für eine sich als Autonomiepädagogik verstehende Erziehungswissenschaft. Und meine Vermutung ist: Die Voraussetzungen für eine solche „Heirat" sind heute günstiger als je zuvor.

Literatur

Annas, J., 1993, *The Morality of Hapiness*, Oxford
Bien, G. (Hg.), 1978, *Die Frage nach dem Glück*, Stuttgart-Bad Cannstatt
Buchheim, Th., 1986, *Sophistik als Avantgarde normalen Lebens*, Hamburg
Dewey, J., ³1964, *Demokratie und Erziehung*, Braunschweig/Berlin/Hamburg
Dilthey, W., ²1960, *Pädagogik – Geschichte und Grundlinien des Systems*, in: ders., *Gesammelte Schriften*, Bd. IX, Stuttgart/Göttingen

---

munikationsgemeinschaft (oder wie immer man die idealisierten Gesprächsbedingungen fassen will). Der pädagogischen Praxis mit Letztbegründungen beikommen zu wollen, wäre auch schon darum zerstörerisch, weil dies mit der Selbsttäuschung einherginge, daß irgendeine Instanz dem Handelnden die (kontingenten) Entscheidungen abnehmen könne, die er als Handelnder zu fällen hat.

52 Für ein solches Plädoyer für philosophische Naivität vgl. etwa Spaemann 1974. Für die Praxis gilt ohnehin, daß sie ohne Handlungsgewißheit, ohne die stillschweigende Annahme, daß das, was sie für Realität hält, tatsächlich auch Realität ist, gar nicht handeln könnte. In diesem Sinne gibt es durchaus einen Dogmatismus der Praxis, wie etwa Martin Heitger (1988) zu Recht betont.

Fend, H., 1996, *Was ist Bildungsforschung? Geschichte, Selbstverständnis und Perspektiven*, Jubiläumsschrift zum 25jährigen Bestehen der Schweizerischen Koordinationsstelle für Bildungsforschung, Aarau

Forrester, J. W., 1969, *Urban Dynamics*, Cambridge/Mass.

Forrester, J. W., 1971, *World Dynamics*, Cambridge/Mass.

Forschner, M., 1993, *Über das Glück des Menschen*, Darmstadt

Foucault, M., 1988, *Technologies of the Self*, Cambridge/Mass. (dt.: *Technologien des Selbst*, Frankfurt/M., 1992)

Foucault, M., 1989, *Die Sorge um sich. Sexualität und Wahrheit*, Bd. 3, Frankfurt/M.

Greiling, J. Ch., 1793, *Über den Endzweck der Erziehung und über den ersten Grundsatz einer Wissenschaft derselben*

Habermas, J., 1991, *Erläuterungen zur Diskursethik*, Frankfurt/M.

Hadot, P., 1991, *Philosophie als Lebensform. Geistige Übungen in der Antike*, Berlin

Hare, R. M., 1992, *Essays on Religion and Education*, Oxford

Heitger, M., 1988, „Vom notwendigen Dogmatismus in der Pädagogik", in: Löwisch, D.-J./Ruhloff, J./Vogel, P. (Hg.), *Pädagogische Skepsis*, Sankt Augustin, S. 49-58

Herbart, J. F., 1887 (ND 1964), *Allgemeine Pädagogik*, in: ders., *Sämtliche Werke*, hg. v. K. Kehrbach/O. Flügel, Bd. 10

Herder, J. G., 1889, *Von den Schranken und Mißlichkeiten bei Nachahmung auch guter Beispiele und Vorbilder* (1772), in: ders., *Werke*, Bd. 31, hg. v. B. Suphan

Hügli, A., 1989a, Art. „Pädagogik", in: *Historisches Wörterbuch der Philosophie*, Bd. 7, Basel

Hügli, A. 1989b, Art. „Institutionelle Formen der Philosophie", in: *Historisches Wörterbuch der Philosophie*, Bd. 7, Basel, Sp. 840 f.

Hügli, A., 1995, „Kontrollpädagogik oder Autonomiepädagogik? Epistemologische Bemerkungen zum Verhältnis von Pädagogik und Philosophie", in: *studia philosophica* 54, S. 11-47

Kant, I., 1781/87, *Kritik der reinen Vernunft*, Riga

Kant, I., 1785, *Grundlegung zur Metaphysik der Sitten*, Riga; zitiert nach: *Akademie-Ausgabe*, Bd. IV

Kant, I., 1798, *Anthropologie in pragmatischer Hinsicht*, Königsberg; zitiert nach: *Akademie-Ausgabe*, Bd. VII

Kant, I., 1800, *Logik. Ein Handbuch zu Vorlesungen*, hg. v. G. B. Jäsche, Königsberg; zitiert nach: *Akademie-Ausgabe*, Bd. IX

Kant, I., 1803, *Pädagogik*, hg. v. F. Th. Rink, Königsberg; zitiert nach: *Akademie-Ausgabe*, Bd. IX

Key, E., [14]1908, *Das Jahrhundert des Kindes*, Berlin

Krämer, H., 1992, *Integrative Ethik*, Frankfurt/M.

Kretzschmar, J. R., 1921, *Das Ende der philosophischen Pädagogik – Ergebnisse einer Untersuchung zur Entstehungsgeschichte der Erziehungswissenschaft*, Leipzig

Langeveld, M. J., ³1962, *Einführung in die Pädagogik*, Stuttgart

Leist, A., 1996, „Rorty oder: Kann man alles bestreiten und dennoch Philosoph bleiben?", in: *Deutsche Zeitschrift für Philosophie* 44, S. 255-258

Holzhey, H./Zimmerli, W. Ch. (Hg.), 1977, *Esoterik und Exoterik der Philosophie*, Basel

Luhmann, N./Schorr, K. E. (Hg.), 1982, *Zwischen Technologie und Selbstreferenz*, Frankfurt/M.

Medows, D. u. a., 1972, *Die Grenzen des Wachstums*, Stuttgart

Menze, C., 1995, Art. „Selbstbildung", in: *Historisches Wörterbuch der Philosophie*, Bd. 9, Basel

Mill, J. S., 1969, *Utilitarianism*, in: *The Collected Works of John Stuart Mill*, Bd. X, ed. J. M. Robson, Toronto

Mill, J./Mill, J. S., 1931, *On Education*, ed. F. A. Cavenagh, Cambridge

Natorp, P., 1909, *Philosophie und Pädagogik. Untersuchungen auf ihrem Grenzgebiet*, Marburg

Nussbaum, M./Sen, A. (Hg.), 1993, *The Quality of Life*, Oxford

Oelkers, J., 1989a, *Die große Aspiration*, Darmstadt

Oelkers, J., 1989b, *Reformpädagogik – Eine kritische Dogmengeschichte*, Weinheim/München

Peters, R. S., 1977, *Education and the Education of Teachers*, London/Henley/Boston

Rabbow, P., 1954, *Seelenführung. Methodik und Exerzitien in der Antike*, München

Riedel, M. (Hg.), 1972, *Rehabilitierung der praktischen Philosophie*, 2 Bde., Freiburg

Rorty, R., 1979, *Philosophy and the Mirror of Nature*, Princeton; dt.: *Der Spiegel der Natur. Eine Kritik der Philosophie*, Frankfurt/M., 1981

Roth, H., 1971, *Pädagogische Anthropologie*, 2 Bde., Bd. 1: *Bildsamkeit und Bestimmung*, ⁴1976, Bd. 2: *Entwicklung und Erziehung*, ²1976, Hannover

Schnädelbach, H., 1986, „Was ist Neoaristotelismus?", in: Kuhlmann; W. (Hg.), *Moralität und Sittlichkeit*, Frankfurt/M.

Schnädelbach, H., 1992, *Zur Rehabilitierung des animal rationale. Vorträge und Abhandlungen 2*, Frankfurt/M.

Schrader, K., 1928, *Die Erziehungstheorie des Philanthropismus*, Langensalza.

Seel, M., 1995, *Versuch über die Form des Glücks*, Frankfurt/M.

Spaemann, R., 1974, „Philosophie als institutionalisierte Naivität", in: *Philosophisches Jahrbuch* 81, S. 139-142

Trapp, E. Ch., 1780, *Versuch einer Pädagogik*, Halle

Tugendhat, 1984, *Probleme der Ethik*, Stuttgart

Weinert, F. E., 1996, „'Der gute Lehrer', 'die gute Lehrerin' im Spiegel der Wissenschaft", in: *Beiträge zur Lehrerbildung*, Bd. 14/2

Wolf, U., 1996, *Die Suche nach dem guten Leben. Platons Frühdialoge*, Reinbek

Peter Vogel

Von der philosophischen Pädagogik zur philosophischen Reflexion innerhalb der Erziehungswissenschaft

Der Kernsatz in dem Thesenpapier, das Anlaß und Gegenstand der Tagung umschreiben sollte und das gewissermaßen als Einladung für mögliche Referenten gedacht war, lautet: „Die Pädagogik, in ihrer doppelten Bedeutung als Theorie und Praxis, kann auf Philosophie nicht verzichten" (S. 1). Diese Kernthese wird dann in einzelnen Punkten konkretisiert, die insgesamt den Bereich bildungsphilosophischer Reflexion abdecken:

- die philosophischen Entwürfe der Welt- und Selbstdeutung des Menschen, die im Bildungsbegriff ihren Niederschlag finden;
- die Reflexion der Möglichkeitsbedingungen einer wissenschaftlichen Pädagogik;
- die Legitimationsgrundlagen pädagogischer Praxis;
- die philosophische Dimension der Legitimation von im Bildungsprozeß zu vermittelnden Inhalten, einschließlich der Frage nach Philosophie als Bildungsinhalt.

Diese hier nur grob gerasterten und weiter differenzierbaren Bereiche der bildungsphilosophischen Reflexion stehen in einer langen und kontinuierlichen Tradition: Überblickt man auch nur den Zeitraum seit der endgültigen Etablierung der wissenschaftlichen Pädagogik in den Universitäten – also etwa die letzten 75 Jahre –, dann kann man nicht umhin festzustellen, daß die bildungsphilosophischen Problembereiche die gleichen geblieben sind; die oben genannten Probleme werden auch schon von der ersten Generation universitärer wissenschaftlicher Pädagogen bearbeitet, also z. B. von Spranger, Flitner, Litt, Nohl oder Aloys Fischer. Die Kontinuität der Probleme bedeutet allerdings nicht, daß es keine Veränderungen bei den Themen gibt. Auf der einen Seite gibt es den Wandel philosophischer Denkrichtungen – nach 1945 etwa kommen die Existenzphilosophie, die Kritische Theorie, die französischen Strukturalisten, die Philosophie der Postmoderne dazu (die letztere allerdings mit der Perspektive, die Problematik abzuschaffen) –, mit denen alte und neue Artikulationen des Problembestandes behandelt werden. Auf der Seite des Problembestandes gibt es den Wandel seiner jeweils zeitlich und gesellschaftlich bedingten Ausformulierungen. Die Frage: „Was bedeutet Bildung *heute*?" – angesichts der Katastrophe des Zweiten Weltkriegs, der europäischen Vereinigung, der ökologischen Krise, der Mediengesellschaft, der Risikogesellschaft usw. – sorgt gewissermaßen automatisch für die Perpetuierung der Notwendigkeit bildungsphilosophischer Reflexion.

Überblickt man den wissenschaftlichen Output – wenn dieser Begriff denn hier angebracht ist – in der Form von Veröffentlichungen, dann ergeben sich – abgesehen von rein analytisch-kritischen Arbeiten – drei Grundtypen bildungsphilosophischer Texte, die allerdings auch in kombinierter Form auftreten können:

(1) bildungsphilosophiegeschichtlich immanente Studien, die der Vertiefung oder Korrektur der historischen Rekonstruktion bildungsphilosophischer Argumente oder Positionen dienen;[1]
(2) die Auslegung bildungsphilosophischer „Klassiker" bzw. traditioneller Theorie- und Argumentationsmuster auf aktuelle Problemlagen;[2]
(3) die Bearbeitung gegenwärtiger oder perennierender bildungsphilosophischer Probleme mit den Möglichkeiten neuer philosophischer Denkmuster.[3]

Diese Aufteilung macht einen etwas mechanistischen Eindruck; bei näherem Hinsehen ist dieses Schema allerdings fast trivial, denn wenn auf Seiten der philosophischen Denkmittel eine Tradition zur Verfügung steht, die aktuell bleibt, aber dennoch kontinuierlich durch neue Entwicklungen ergänzt wird, und auf Seiten der pädagogischen Grundlagenprobleme jeweils dem historischen Wandel unterworfene Variationen anzutreffen sind, ergeben sich die genannten Möglichkeiten rein kombinatorisch von selbst, und insofern läßt sich mit diesem Schema leicht der bildungsphilosophische Literaturbestand von den zwanziger Jahren bis in die Gegenwart klassifizieren. Außerdem lassen sich für alle drei Typen theoriege-

---

1 Vgl. Niemeyer 1995.
2 Vgl. Kokemohr 1989.
3 Vgl. Gößling 1995.

schichtliche Fragen formulieren (die im übrigen verhältnismäßig selten bearbeitet werden); für den ersten Typus etwa: Wie hat sich das Humboldt-Verständnis von Spranger bis Benner gewandelt? Für den zweiten Typ: In welchen bildungsphilosophischen Kontexten wurde in den letzten 70 Jahren die kantische Philosophie bemüht? Für den dritten Typ: Welche unterschiedlichen philosophischen Theorien wurden im gleichen Zeitraum herangezogen, um das Problem der Legitimation pädagogischer Intervention zu diskutieren?

Was bedeutet das? Es gibt eine stabile Tradition bildungsphilosophischer Reflexion, wobei der historische Befund der logischen Problemkonstruktion entspricht; philosophische Fragen sind für die wissenschaftliche Pädagogik unabweisbar, gedeckt von der Überzeugung – in der Kürzest-Formulierung, die J. Ruhloff einmal verwendet hat: „Pädagogik sei, wenn theorie-radikal, Philosophie"[4].

Es liegt mir nun völlig fern, diese These in Zweifel zu ziehen; die historische Betrachtung und systematische Überlegungen zeigen, daß sie wohl zutreffend ist. Worauf ich aufmerksam machen möchte, ist etwas, was diese Tradition verbirgt. Wenn man nur die Tradition bildungsphilosophischer Reflexion bis in die Gegenwart betrachtet, dann beeindruckt die Kontinuität der Problemlagen – natürlich in der jeweiligen geistesgeschichtlich bedingten Konfiguration. Was aus diesen Texten jedoch nicht hervorgeht, ist der tiefgreifende Wandel im Status der bildungsphilosophischen Reflexion im Hinblick auf die Erkenntnisaufgaben der Erziehungswissenschaft insgesamt. Die Kontinuität der bildungsphilosophischen Reflexion täuscht über die Diskontinuität des Stellenwerts dieser Reflexion hinweg, weil die Reflexion selbst noch keine Auskunft über die Relevanz der Reflexion gibt.

In einer ersten Phase der Disziplingeschichte der Erziehungswissenschaft – von 1920 bis ca. 1960 (wenn man die Zeit des Nationalsozialismus einmal außer acht läßt) – läßt sich das Verhältnis von „Bildungsphilosophie" und „Pädagogik insgesamt" so bestimmen, daß Pädagogik grundsätzlich eine philosophische Disziplin ist, indem sie mit den Denkmitteln der Philosophie pädagogisch-theoretische und pädagogisch-praktische Probleme reflektiert. Die Formen dieser Reflexion sind je nach philosophischer Basistheorie unterschiedlich – dominant sind verschiedene Varianten von Kulturphilosophie, der philosopische Neukantianismus und nach 1945 auch existenzphilosophische Richtungen, die sich aber in der

---

[4] Vgl. Ruhloff 1985, S. 52.

philosophischen Identitätsbestimmung der Pädagogik einig sind. Die Pädagogik – so etwa Wilhelm Flitner – „kann nur philosophierend zu Resultaten gelangen, indem sie als eine pragmatische Geisteswissenschaft ihr historisches Material zum Ausgangspunkt nimmt", und: „Das Philosophieren in der praktischen Situation bleibt demnach die Grundform dieser Wissenschaft".[5] Für Max Frischeisen-Köhler ist es „selbstverständlich, daß die pädagogischen Theorien, die ihre Grundlegung in der Philosophie finden wollen, nach Methode und Inhalt von den philosophischen Systemen abhängig sind, auf die sie sich stützen"[6]. Auch Aloys Fischer, im Unterschied zu seinen Kollegen eher realistisch-phänomenologisch orientiert, sagt zur Reflexion pädagogischer Normen: „Sobald wir an diese Überlegungen geraten sind, sind wir bei der philosophischen Pädagogik, sind wir an jenem Punkt angelangt, wo Pädagogik auf Philosophie basiert werden muß, wo sie geradezu in Philosophie mündet."[7] Alfred Petzelt stellt in seiner Abhandlung „Pädagogik und Philosophie" Fragen, die sich am Ende nur positiv beantworten lassen: „Gehört die Philosophie so zur Pädagogik, daß kein Schritt der Betrachtung, also ihrer Theorie, kein Schritt der Überlegung denkbar ist, der nicht philosophisch gegründet sein müßte? Sind die Probleme der Pädagogik in ihrer Gesamtheit, d. h. ihrer Natur nach so geartet, daß ihre Durchdringung die philosophische Grundlegung erforderte? Ist Pädagogik als Wissenschaft grundsätzlich nur philosophisch möglich?"[8]

Wenn auch nicht alle Vertreter der wissenschaftlichen Pädagogik so weit gehen würden wie Petzelt, so ist in dieser Epoche der Disziplingeschichte die grundsätzlich philosophische Identität der Pädagogik gemeinsame Grundüberzeugung; pädagogischer Erkenntnisgewinn geschieht more philosophico, und die „deskriptive Methode"[9] und die mit ihr zu gewinnenden Einsichten haben einen marginalen, allenfalls auxiliären Status; nur Max Frischeisen-Köhler und Alfred Petzelt nehmen die methodologische Problematik empirischer Zugangsweisen zur Pädagogik und ihrer Verträglichkeit mit philosophischen Menschenbildannahmen

---

5 Vgl. Flitner 1950, S. 18 und 19.
6 Vgl. Frischeisen-Köhler 1917, S. 63.
7 Vgl. Fischer 1912, S. 12.
8 Vgl. Petzelt 1967, S. 12.
9 Vgl. Flitner 1950, S. 19.

überhaupt hinreichend wahr und versuchen sie – auf ganz unterschiedliche Weise – zu lösen.[10]

Die bis dahin verhältnismäßig heile Welt der philosophischen Pädagogik zerbricht in den Wirren des Positivismusstreits der 60er und frühen 70er Jahre. Es gelingt zwar, in Auseinandersetzung mit dem gern als „Positivismus" diffamierten Kritischen Rationalismus noch einmal, das Erkenntnisprogramm einer mindestens von ihrer philosophischen Grundlegung abhängigen Pädagogik – jetzt dominant in der Form von nicht immer nachvollziehbaren Adaptionen der Kritischen Theorie – festzuhalten, auch in dem Anspruch, nach wie vor „praktische Wissenschaft" zu sein, also theoretische und praktische Probleme in einem Erkenntniszusammenhang lösen zu können. Die Wiederherstellung einer stabilen philosophischen Identität der Erziehungswissenschaft insgesamt war aber nicht mehr möglich, u. a. deshalb, weil die kritisch-emanzipatorische Pädagogik ihren innerdisziplinären Siegeszug und ihre bildungspolitische Durchschlagskraft in hohem Maße den Ergebnissen der philosophisch heftig bekämpften empirischen Sozialforschung verdankte (also z. B. den Daten über den Zusammenhang von sozialer Schicht, Sprache und Schulerfolg, Begabung und Lernen usw.).

Seitdem sind weitere 20 Jahre vergangen, und es fällt einigermaßen schwer, die gegenwärtige Theoriegestalt der Erziehungswissenschaft zu beschreiben, zumal eine großangelegte Paradigmendiskussion wie der „Positivismusstreit" fehlt, der es immerhin ermöglichte, nach unterschiedlichen Lagern zu sortieren. Allerdings wissen wir etwas über die Entwicklung der Erziehungswissenschaft durch die Selbstbeobachtung in der Form von Wissenschaftsforschung, und manches kann man interpolieren. Es geht im Folgenden nur um eine Beschreibung der Situation, nicht um eine Bewertung.

(1) Erziehungswissenschaft war in den letzten 40 Jahren einem Prozeß der Segmentierung bei gleichzeitiger Verselbständigung der Segmente unterworfen. Sowohl von der Ausstattung mit wissenschaftlichem Personal, als auch hinsichtlich der wissenschaftlichen Kommunikation (Zeitschriften/Promotionsarbeiten) ist eine Autonomisierungstendenz der Teildisziplinen – also Sozialpädagogik, Schulpädagogik, Erwachsenenbildung usw. – festzustellen.[11] Die Erziehungswissenschaft entwickelte sich von 1945 bis 1985 „von einer aufs Allgemeine gerichteten und wenig differen-

---

10 Vgl. Vogel 1989, S. 152 ff. und 1993, 337 ff.
11 Vgl. Roeder 1990, S. 657 ff. und Macke 1990.

zierten Disziplin zu einer hochgradig spezialisierten Disziplin mit deutlichen Schwerpunktbildungen in den spezialisierten Subdisziplinen"[12].

(2) Parallel dazu hat ein Bedeutungsverlust der „Allgemeinen Pädagogik" – unter die die Bildungsphilosophie im engeren Sinn subsumiert werden kann – stattgefunden. Mit der Expansion des Fachs hat „die theoretisch-historische Forschungsperspektive [...] kontinuierlich an Bedeutung verloren"[13].

(3) Wenn man von den Frontlinien des Positivismusstreits ausgeht – philosophische vs. sozialwissenschaftliche Identität der Erziehungswissenschaft –, dann kann man nur konstatieren, daß die Erziehungswissenschaft keine philosophische Disziplin geblieben, aber auch keine sozialwissenschaftliche Disziplin geworden ist. Die weit überwiegende Orientierung des wissenschaftlichen Personals auf Professorenebene ist – gemäß ihrer Selbsteinschätzung – pädagogisch-praktisch, und nur bei Minderheiten theoretisch-historisch oder empirisch.[14] Jürgen Baumert und Peter Martin Roeder diagnostizieren eine „stille Revolution" im Fach: „Im Laufe der Expansion ging die Einbettung der traditionellen Praxisorientierung der Pädagogik in theoretisch-historischer Forschung verloren, ohne daß die empirische Forschung an ihre Stelle treten konnte. Statt dessen gewann eine Wissenschaftskonzeption an Boden, nach der die wissenschaftliche Tätigkeit im Unterschied zur theoretisch-historischen oder empirischen Forschung offenbar pragmatischer der Optimierung praktisch-pädagogischen Handelns dienen soll."[15]

Für die Bildungsphilosophie besonders interessant ist der Hinweis auf den Verlust der Bindung der pragmatischen Orientierung an die traditionelle theoretisch-historische Forschung. Dieser Befund entspricht im übrigen dem Ergebnis eines Blicks in das Gesamtregister der *Enzyklopädie Erziehungswissenschaft* (1983-86 erschienen und 1995 unverändert wiederaufgelegt): Man vermißt nicht nur eigene Artikel, die die Bedeutung philosophischer Reflexion für Pädagogik dokumentieren könnten (Ausnahme: Philosophie als Unterrichtsfach und etwas verdeckte Philosophie in Artikeln wie „Erziehung, moralische"), auch die Verweise auf die in anderen Artikeln erwähnten philosophischen Bezüge sind außerordentlich

---

12 Vgl. Macke 1990, S. 63.
13 Vgl. Baumert/ Roeder 1994, S. 43.
14 Vgl. a. a. O., S. 42 f.
15 A. a. O., S. 45.

mager, und zwischen „Bildungspatent" und „Bildungsplanung" steht gar nichts – „Bildungsphilosophie" kommt nicht einmal als Querverweis vor.[16]

(4) Offensichtlich besteht – wenn man die Disziplin insgesamt betrachtet – derzeit kein Bedarf an Diskussion über die philosophischen Grundlagen pädagogischen Handelns und erziehungswissenschaftlicher Theoriebildung, die die fachliche Kompetenz der Bildungsphilosophen erfordern würde. Das hat vielleicht zu tun mit der Entwicklung der Grundlegungsdiskussion selbst: Wenn einerseits ohnehin – in der Popularisierung von Kuhn und Feyerabend – alles möglich ist und andererseits – als der popularisierte Ertrag der Postmoderne-Diskussion – alles gleich fragwürdig ist, lohnt es sich vielleicht nicht, überhaupt noch über Grundlegungsfragen zu streiten. Wahrscheinlicher ist jedoch die Erklärung, daß – als Folge der oben beschriebenen Segmentierung – Grundlegungsfragen dort diskutiert werden, wo sie entstehen, nämlich innerhalb der Segmente – wie z. B. derzeit in der Sozialpädagogik[17] – und ohne Beteiligung der traditionellen Bildungsphilosophie.

Wenn man das Ergebnis dieser Überlegungen zusammenfaßt, einige Lücken in der Empirie durch Interpolation schließt und absichtlich etwas unfreundlich formuliert, dann ergibt sich folgendes Bild:

Die derzeitige Bildungsphilosophie schmort in ihrem eigenen Saft. Sie ist weder identisch mit dem „Ganzen" der Erziehungswissenschaft, noch – im Selbstverständnis der Mehrheit der Angehörigen der Disziplin – zuständig für die Grundlegung der Partialdisziplinen. Sie ist selbst ein Segment neben anderen, das innerhalb seiner Grenzen Wissenschaft betreibt. Das Segment ist groß genug, um für die Selbstrekrutierung von Personal sorgen und verhindern zu können, daß wissenschaftlich falsch sozialisierte Personen die Kontinuität der Themen und Methoden unterbrechen. Was aber Bildungsphilosophen schreiben, wird primär von anderen Bildungsphilosophen wahrgenommen, aber nicht vom Rest der Disziplin. Wenn diese Einschätzung auch nur einigermaßen zutreffend ist, was folgt dann für die Bildungsphilosophie?

Zunächst ist festzustellen, daß das „Schmoren im eigenen Saft" grundsätzlich weder illegal noch unmoralisch ist. Die Kontinuität der Problembearbeitung ist ja der Ausweis dafür, daß es offensichtlich ein stabiles Seg-

---

16 Vgl. *Enzyklopädie Erziehungswissenschaft*, Band 12: Gesamtregister, bearb. von S. Stopinski, 1995, S. 184.
17 Vgl. z. B. Mollenhauer 1996.

ment der Erziehungswissenschaft gibt, in dem spezialisierte philosophische Probleme mit spezieller Kompetenz behandelt werden. Allerdings sollte dann allen Beteiligten bewußt sein, daß die sogenannte Grundlegungsproblematik der Pädagogik nur noch ein Problem für Spezialisten ist, das die anderen Spezialisten nicht interessiert und auch nicht zu interessieren braucht. Der präsidiale Habitus, der gelegentlich noch in der bildungsphilosophischen Rhetorik anzutreffen ist, ist endgültig obsolet geworden.

Andererseits spricht gegen diese Selbstbescheidung die Einsicht, daß es von der Sache her natürlich einen erheblichen Bedarf an – im weitesten Sinne – philosophischer Reflexion, Analyse und Kritik in den Einzelsegmenten und in dem Komplex von Problemen gibt, der es möglich macht, von „der Erziehungswissenschaft" insgesamt zu sprechen.[18] Das würde allerdings voraussetzen, daß sich Bildungsphilosophie als philosophische Reflexion innerhalb einer segmentierten Erziehungswissenschaft begreift und sich mit ihren segmenttypischen Methoden mit den aktuellen Problemen der Disziplin beschäftigt und weniger mit der Tradition des eigenen Segments. Ich möchte am Schluß drei dieser Problembereiche nennen:

(1) Ungeachtet der Segmentierung der Erziehungswissenschaft bleibt mindestens als Problem der Zusammenhang erziehungswissenschaftlichen Wissens. Dieses Problem ist – erkennbar – nicht mehr durch die Beschwörung eines pädagogischen Grundgedankengangs zu lösen, sondern durch die Differenzierung von Wissensformen einerseits und die Markierung ihrer wechselseitigen Anschlußmöglichkeiten andererseits. Die Problematik impliziert eine Klärung des Theorie-Praxis-Problems jenseits von Ganzheitsmythen und eine Zuordnung der Zuständigkeiten der entsprechenden Argumentationsmuster und Forschungsmethoden. Die Wissenschaftsforschung hat – z. B. mit der Unterscheidung von Disziplin und Profession – diese Klärung entscheidend vorangetrieben. Dennoch geht es letztlich um eine klassische Problematik der Erkenntnis- und Wissenschaftstheorie. Auch die Risikoreflexion pädagogischen und erziehungswissenschaftlichen Wissens gehört in diesen Bereich.

(2) Wer sich more philosophico mit Bildung und Erziehung beschäftigt, sollte Auskunft geben können, an welcher Stelle im Gesamtzusammenhang pädagogisch-erziehungswissenschaftlicher Wissensproduktion diese Reflexion von Bedeutung sein soll. Das setzt aber einen Gesamtentwurf dieses Zusammenhangs voraus – nicht präsidial und präskriptiv,

---

18 Vgl. dazu Wigger 1996.

sondern analytisch, ordnend, auf Zusammenhänge, Widersprüche und offene Fragen aufmerksam machend.

(3) Wenn denn die Bildungsphilosophie ein Segment unter anderen geworden ist, dann kann sie die Notwendigkeit philosophischer Reflexion für die anderen Segmente nur deutlich machen – wenn sie es denn will –, wenn sie sich in die Kommunikation dieser Segmente begibt, also die philosophischen Probleme dort aufgreift, wo sie entstehen. Warum beteiligen sich Bildungsphilosophen nicht an der Grundlegungsdiskussion der Sozialpädagogik oder zetteln einen solchen Diskurs z. B. in der notorisch philosophieabstinenten Berufs- und Wirtschaftspädagogik an?

Noch eine letzte Bemerkung. Natürlich weiß ich, daß zur langen Tradition der Bildungsphilosophie auch die Klage darüber gehört, daß niemand auf die Bildungsphilosophie hört und daß Irrelevanzängste und Marginalisierungsbefürchtungen auch dann geäußert wurden, als es dazu wirklich keinen Anlaß gab. Dennoch bin ich der Auffassung, daß wir jetzt immerhin soviel über unsere Disziplin wissen, daß man den veränderten Status bildungsphilosophischer Reflexion einigermaßen genau beschreiben kann – und Konsequenzen daraus ziehen kann oder auch nicht.

Literatur

Baumert, Jürgen/Roeder, Peter-Martin, 1994, „Stille Revolution. Zur empirischen Lage der Erziehungswissenschaft", in: Krüger, Heinz-Hermann/Rauschenbach, Thomas (Hg.), *Erziehungswissenschaft. Die Disziplin am Beginn einer neuen Epoche*, Weinheim und München

Fischer, Aloys, 1912, „Philosophie und Pädagogik in prinzipieller Betrachtung", in: *Pädagogik und Philosophie* (= *A. Fischer – Leben und Werk* Bd. 8, hg. v. K. Kreitmair u. Hermann Röhrs), München 1971

Flitner, Wilhelm, 1950, *Allgemeine Pädagogik*, Stuttgart

Frischeisen-Köhler, Max, 1917, „Philosophie und Pädagogik", in: ders., *Philosophie und Pädagogik*, Weinheim 1962

Gößling, Hans Jürgen, 1995, „Differenz als Spiel der Spur. Versuch einer fundamentalpädagogischen Annäherung an die Grammatologie Derridas", in: *Vierteljahrsschrift für wissenschaftliche Pädagogik*, 71. Jg., Heft 3

Kokemohr, Rainer, 1989, „Bildung als Begegnung? Logische und kommunikationstheoretische Aspekte der Bildungstheorie E. Wenigers und ihre Bedeutung für biographische Bildungsprozesse in der Gegenwart", in: Hansmann,

Otto/Marotzki, Winfried (Hg.), *Diskurs Bildungstheorie II: Problemgeschichtliche Orientierungen*, Weinheim

Macke, Gerd, 1990, „Disziplinformierung als Differenzierung und Spezialisierung – Entwicklung der Erziehungswissenschaft unter dem Aspekt der Ausbildung und Differenzierung von Teildisziplinen", in: *Zeitschrift für Pädagogik*, 36. Jg., Heft 1

Mollenhauer, Klaus, 1996, „Kinder- und Jugendhilfe. Theorie der Sozialpädagogik – ein thematisch-kritischer Grundriß", in: *Zeitschrift für Pädagogik*, 42. Jahrgang, Heft 6

Niemeyer, Christian, 1995, „Jenseits des Übermenschen: Nietzsches späte Psychologisierung eines bildungsphilosophischen Konstrukts", in: *Vierteljahrsschrift für wissenschaftliche Pädagogik*, 71. Jg., Heft 4

Petzelt, Alfred, 1967, „Pädagogik und Philosophie", in: Fischer, Wolfgang (Hg.), *Einführung in die Pädagogische Fragestellung*, Teil I, Freiburg i. Br.

Roeder, Peter Martin, 1990, „Erziehungswissenschaften – Kommunikation in einer ausdifferenzierten Sozialwissenschaft", in: *Zeitschrift für Pädagogik*, 36. Jg., Heft 5

Ruhloff, Jörg, 1985, „Pädagogik ohne praktisch-philosophisches Fundament?", in: Pleines, Jürgen-Eckardt (Hg.), *Kant und die Pädagogik*, Würzburg

Vogel, Peter, 1989, „Die neukantianische Pädagogik und die Erfahrungswissenschaften vom Menschen", in: Oelkers, Jürgen u. a. (Hg.), *Kulturtheorie, Pädagogik und Philosophie im Neukantianismus*, Weinheim

Vogel, Peter, 1993, „System – die Antwort der Bildungsphilosophie?", in: Oelkers, Jürgen/Tenorth, Heinz-Elmar (Hg.), *Pädagogisches Wissen*, Weinheim

Wigger, Lothar, 1996, „Die aktuelle Kontroverse um die Allgemeine Pädagogik", in: *Zeitschrift für Pädagogik*, 42. Jg., Heft 6

Jörg Ruhloff

Zur Idee philosophisch mitkonstituierter Fachdidaktiken

I.

Folgt man dem Eindruck von Erfahrungen mit Studierenden der Lehramtsfächer, so spielen philosophische Fragen im Rahmen ihrer sachlich-fachlichen und fachdidaktischen Ausbildung in der Regel keine Rolle. Soweit sie nicht Fachstudentinnen und Fachstudenten der Philosophie und deren Fachdidaktik sind, befassen sie sich mit Themen und Theorien ihrer jeweils gewählten Fächer, mit Sprach- und Literaturwissenschaft, alter, mittlerer und neuerer Geschichte, mit Mathematik und Naturwissenschaften, Ökonomie, Technologien usw. In die obligatorisch hinzukommenden fachdidaktischen Studien scheinen philosophische Problemaspekte, häufiger wohl philosophische Standpunkte höchstens zufällig einmal einzufließen, etwa dann, wenn der für die Fachdidaktik zuständige Universitätslehrer einer besonderen Stilisierung seiner Wissenschaft verpflichtet ist und beispielsweise Germanistik und damit auch Deutschunterricht in das Konzept der „kritisch-emanzipatorischen Theorie" eingebunden sieht. Überwiegen dürfte im gegenwärtigen Universitätsstudium eine fachdidaktische Ausbildung, in der allgemeindidaktisch diskutierte Unterrichtskonzepte wie z. B. der gegenwärtig besonders beliebte „handlungsorientierte Unterricht" oder das Konzept des „Projektunterrichts" einerseits und andererseits generelle schulpädagogische Problemstellungen und Zielsetzungen wie z. B. Schülermotivation, Geschlechterdifferenzen, Leistungsbewertung, Chancengleichheit in Ausrichtung auf berufspraktisches Können auf den Fachunterricht irgendwie bezogen werden. Dem entspricht es, daß in neueren zusammenfassenden Lagebeschreibungen die Fachdidaktiken zwischen Fachwissenschaft und Allgemeiner Didaktik angesiedelt werden, ohne daß erkennbar ist, woher sie in dieser Zwischenstellung eine relativ selbständige Stellung gewinnen. „Ihr Gegenstand", so ist z. B. 1996 in einem Handbuch zu lesen, „ist das Lehren und Lernen im jeweiligen Fachgebiet", und von da wird man zurückverwiesen auf das, was zuvor generell über Gegenstandsbereich und die Forschungsmethoden von Didaktik gesagt worden ist.[1] Da taucht dann allerdings, wenn auch eher beiläufig, u. a. das Postulat einer „logisch-erkenntnistheoretischen Besinnung" auf das „Zustandekommen [...] fachlichen Wissens" auf. Das sei eine der Fragedimensionen im Insgesamt der „völlig heterogene[n] Bedingungsbereiche und Begründungsweisen" des „didaktischen Denkens".[2] Status und Funktion einer solchen Besinnung für die Theorie fachlichen Unterrichts werden nicht näher bestimmt. In den einzelnen Fachdidaktiken wird sie – wiederum nach dem Eindruck neuerer zusammenfassender Darstellungen – wohl auch nicht durchwegs gepflegt und ausdrücklich als ein generelles, aus den fachlichen Lehr- und Lernaufgaben erwachsendes Bedürfnis erkannt. Für den Geographieunterricht kann man beispielsweise eine Auffassung finden, die sich ungefähr so zusammenfassen läßt: Die fachdidaktische Problemstellung besteht, insoweit sie nicht normativ, sondern wissenschaftlich ist, darin, nach Maßgabe allgemeiner pädagogischer Ziele – genannt wird die „Ausprägung der Persönlichkeit des jungen Menschen" – die inhaltlichen Vorgaben der Fachwissenschaft für den Schulunterricht durch den Filter entwicklungspsychologischer und lernpsychologischer Modelle zu passieren und die Unterrichtspraxis auf dem Wege über testpsychologische Effektivitätskontrollen zu optimieren.[3] Von so etwas wie einer „logisch-erkenntnistheoretischen Besinnung" auf die Eigenart der geographischen Wissensproduktion ist da nichts zu spüren. Gleichsam auf das andere Ende der disparaten fachdidaktischen Reflexionsskala verweist es, wenn demgegenüber in der Geschichtsdidaktik heute assensfähig zu sein scheint, daß für eine Theorie des historischen Lehrens und Lernens, in der es um „historisches Denken" geht, auf die Struktur der Disziplin, ihre Kategorien und auf die Regeln historischer Urteile zurückzugehen sei,[4] womit implizit einer philosophischen Analyse zugeschrieben wird, die Fachdidaktik mit zu konstituieren; denn um historische Erkenntnis handelt es sich bei einer Besinnung auf die Struktur der Geschichtswissenschaft ja nicht, sondern um die Erkenntnis einer Erkenntnisart; und das ist die klassische transzendentalphilosophische Version philosophischen Fragens.

---

1 Vgl. Glöckel 1996, S. 235.
2 Vgl. Glöckel 1996, S. 232.
3 Vgl. Schrettenbrunner 1996, S. 258-268.
4 Vgl. Bergmann 1996, S. 737-746.

II.

Nach flüchtiger Lagediagnose reicht mithin die tatsächliche Bedeutung der Philosophie für die Fachdidaktiken heute von der Funktionslosigkeit bis zu einem Verfassung gebenden Rang. Wie stets, so ist jedoch auch hier aus der Wirklichkeit keine Auskunft über die Angemessenheit oder Rechtmäßigkeit herzuleiten. Um die Frage der rechtmäßigen Bedeutung von Philosophie zu erörtern, unterscheide ich im folgenden drei Modelle der möglichen Verhältnisbestimmung von Fachdidaktiken und Philosophie:

– das Modell der Bedeutungslosigkeit der Philosophie für den Aufbau von Fachdidaktiken;
– das Modell der teleologischen Bedeutung von Philosophie im Aufbau von Fachdidaktiken;
– das Modell der problematisierenden und problemspezifizierenden Bedeutung von Philosophie im Aufbau von Fachdidaktiken.

Der gemeinsame Bezugspunkt der Modelle ist die Frage nach dem Sinn von Unterricht. Ein jedes von ihnen unterstellt einen anderen Begriff von Unterricht.

(1) Nach dem ersten Modell ist die Philosophie für den Aufbau von Fachdidaktiken bedeutungslos, abgesehen davon, daß sie der Fachdidaktik des Philosophieunterrichts ihren Gegenstandsbereich vorgibt. Was zu lehren und zu lernen sei, bestimmt sich im übrigen aus den Wissens- und Könnensbeständen, die in einer Kulturlage unterschieden werden. Wie es zu lehren und zu lernen sei, bestimmt sich grundsätzlich aus der Differenz zwischen dem Ist-Zustand der Fähigkeiten der nachwachsenden Generation und dem Sollzustand des in den verschiedenen Gebieten erreichten Wissens und Könnens. Die Fachdidaktiken konstituieren sich als Theorien dieser Differenz und als Technologien der Differenzminimierung zwischen dem Wissen und Können der Generationen. Sie erscheinen als Disziplinen systematischer kultureller Tradition, Regeneration und Reproduktion. Sie sichern die Erhaltung kultureller Bestände im Wechsel der Generationen. Zum Erhaltungsbestand kann unter Umständen – wie heute auf der Sekundarstufe II – auch die Philosophie als eines unter anderen Kulturgebieten gehören. Eine darüber hinausgehende Bedeutung für anderweitiges fachliches Lehren und Lernen kommt ihr nicht zu.

Die ausschlaggebende Prämisse dieses Modells ist die, daß alles in guter Ordnung ist, wie es vorgefunden wird, bzw. daß zumindest der systematische Unterricht für die Unmündigen oder eines besonderen Sachgebiets nicht Mächtigen von einer solchen Ordnungsunterstellung auszugehen habe. Worin diese Ordnung besteht, liest der Fachdidaktiker aus dem jeweiligen Wissen und Können der Fachleute ab, zerlegt es in Lernportionen und projiziert es auf das zeitliche Nacheinander eines Lehrgangs, in dessen Verlauf sich die jeweiligen Fähigkeiten in anderen Individuen erneut aufbauen. Philosophischer Kompetenz oder wenigstens einer Aufgeschlossenheit für die Dimension philosophischen Fragens bedarf er dafür nicht.

(2) Nach dem zweiten Modell gewinnt die Philosophie eine teleologische Bedeutung für die nicht-philosophischen Fachdidaktiken. Dieses Modell kann aufkommen, wenn das Zusammenspiel der menschlichen Wissens- und Könnensbereiche nicht mehr durch eine traditionale und eigenregulative Ordnung gesichert ist, insbesondere, wenn über den Platz, den ein Mensch im sozialen Ganzen einzunehmen hat, nicht mehr durch Geburt und Standeszugehörigkeit vorentschieden ist, sondern durch das, was er lernt, entschieden oder maßgeblich mitentschieden wird. Das war zum Beispiel im griechischen Kulturraum des fünften vorchristlichen Jahrhunderts der Fall. Unter dieser Bedingung entsteht ein Raum für Überlegungen, die Ordnung stiften. Sie führen über die je besonderen Bereiche des zu Lernenden hinaus, indem sie nach deren Stellenwert im Rahmen einer Systematik des insgesamt zu Lernenden fragen. Der Sinn des sachlich-fachlich spezifizierten Lernens ergibt sich nicht schon allein und unmittelbar aus den sachlichen Bereichen, für die um ihrer Bestanderhaltung willen Nachwuchs tüchtig gemacht werden muß. Er ergibt sich erst aus einer hinzukommenden Reflexion über das Verhältnis der verschiedenartigen sachlichen Lernbereiche zueinander nach Maßgabe von allgemeinen Gesichtspunkten, die keinem einzelnen dieser Bereiche entnommen werden können. Oder es treten zu den „niederen", unstrittigen Wissens- und Könnensbereichen, die jedermann angesonnen werden – Lesen, Schreiben, Rechnen u .a m. – solche hinzu, für die eine derartige Überlegung nötig wird, die Fächer der sogenannten höheren Allgemeinbildung.[5]

Der Prototyp einer solchen Reflexion ist Platons Lehrplantheorie: Die Lehr- und Lerngebiete treten in ihr als ein aufeinander aufstufendes Verweisungsgefüge mit einem abschließenden höchsten Lehrstück auf, von dem her die jeweils niederen ihren relativen Rang bekommen. Der Sinn

---

5 Vgl. Fischer 1989, S. 1-25, und Fischer 1987b, S. 9-25.

der nacheinander zu durchlaufenden Fächer erschöpft sich nicht darin, an den verschiedenen Lebens- und Wissensbereichen teilhaben zu lassen und die Lernenden an sie als kompetente Mitsprecher und Mittäter gleichsam abzuliefern. Das Lehren und Lernen in ihnen dient zugleich der Prüfung und Selektion, ob jemand geeignet ist, in höhere Erkenntnis- und schließlich in Staatsleitungsaufgaben verwickelt zu werden. Die Lehrfächer sind konzipiert als Glieder einer Kette von Konditionen für den Eintritt ins Philosophieren und als Indikatoren, die den Abstand der Lernenden vom höchsten Lehrstück, von der Dialektik, beziehungsweise die Annäherung daran, anzeigen.[6] Sie sind philosophisch mitkonstituiert, insofern aller Unterricht seinen Sinn aus dem Ziel des Philosophierenkönnens erhält, das allerdings nicht jedermanns Sache ist.[7]

Voraussetzung für dieses Modell philosophisch mitkonstituierter Fachdidaktiken ist eine Teleologie des menschlichen Wissens, Erkennens und Lernens, die einem jeden Fach seinen begrenzten Zweck anweist. Die Glaubwürdigkeit einer solchen Teleologie lebt davon, daß ein objektiv höchster Lern- und Erkenntniszweck nachgewiesen werden kann, von dem her alles in eine schlüssige Zweck-Mittel-Beziehung gebracht werden kann. Das Modell ist offensichtlich nicht an die geschichtlichen Bedingungen der Antike gebunden. Eine moderne Variante liegt z. B. in dem Gedanken vor, daß die menschliche Wissensproduktion in einer Ordnung praktischer Interessen verwurzelt ist, die in letzter Instanz auf den „Fortgang der Menschengattung zur Mündigkeit" verweist.[8] Die Einführung in besondere Wissens- und Könnensbereiche hat ihren Sinn dann in deren Finalität, also etwa in der Beteiligung der Lernenden an künftiger kollektiver Existenzsicherung, am traditionsvermittelten Zusammenleben und im Aufbau herrschaftskritisch zu erringender Ich-Identität. Eine die fachlichen Besonderheiten übersteigende philosophische Gesamtdeutung der Zweckordnung von Erkenntnis geht fachdidaktischen Theorien voran und teilt ihnen Bedeutung, Rang und Grenzen zu. Auch Rechtschreibdidaktik kann sich dann als Emanzipationshilfe begreifen und also eine Ausrichtung nehmen, die aus dem Rechtschreibenkönnen für sich genommen weder zu gewinnen ist noch auch allein auf das Rechtschreibenlernen begrenzt ist.[9]

---

6 Vgl. Platon, *Der Staat*; Dolch 1965, S. 28-37.
7 Vgl. Fischer 1987a, S. 11-35.
8 So und in die Pädagogik streuend Habermas 1968, S. 146-168.
9 Vgl. Messelken 1983, bes. S. 294 ff.

(3) Das dritte Modell weist der Philosophie für den Aufbau von Fachdidaktiken eine doppelte Bedeutung zu. Zum einen sind philosophische Analysen erforderlich, um die Spezifik der jeweiligen Erkenntnis- und Lehr-Lernprobleme zu bestimmen. Darin gleicht es dem teleologischen Modell, fällt aber nicht mit ihm zusammen, insofern das philosophische Ermessen der Eigenart beispielsweise biologischer im Unterschied zu physikalischen Problemen nicht dasselbe ist wie die Bestimmung des Abstands dieser Erkenntnisdisziplinen von einer als äußerstes Erkenntnisziel verstandenen Philosophie. Zum anderen wird nach dem dritten Modell dem außerphilosophischen Fachunterricht selbst ein „nicht-affirmativer" (Dietrich Benner), ein problematischer, d. h. Problemdenken eröffnender Sinn zugeschrieben, der nicht bereits angestrebt sein muß, wenn die Fachdidaktik über philosophische Problemanalysen konstituiert wird.

Das Modell der problemspezifizierenden und problematisierenden Bedeutung von Philosophie ist angebahnt in der fachdidaktischen Intention, daß es in den Unterrichtsfächern nicht nur um den Erwerb ausgewählter Wissens- und Könnensbestände gehe, sondern zugleich um Formen des Erkennens und Könnens, im Geschichtsunterricht also z. B. nicht bloß um die Kenntnis von vergangenen Geschehnissen und Taten, die die kollektive und individuelle Lebenspraxis in der Gegenwart mitbestimmen, sondern zugleich um historisches Denken, das es ermöglicht, künftige begegnende Ereignisse eines bestimmten Typs sachgemäß zu beurteilen und in den Kontext von Vergangenheit, Gegenwart und Zukunft unseres Lebens einzuordnen. Analog dazu ginge es im mathematischen und naturwissenschaftlichen Unterricht nicht allein um das Verständnis von lebenspraktisch oder studienvorbereitend bedeutsamen Resultaten der zugrunde liegenden Wissenschaften, sondern zugleich um Arten der Wissensproduktion, um die Differenzierung von Frageweisen, um die Einsicht in die Bedingtheit der Geltung von Sachverhaltsbehauptungen, ihre Abhängigkeit von vorgängigen Kategorien, Begriffen, methodischen Einstellungen, um die Unterscheidung von bereichsspezifisch zulässigen und nicht-zulässigen Argumenten und Beweismitteln.

Philosophie kommt in diesem Modell von Fachdidaktik zum Zuge als regionale Analyse disziplininterner Erkenntnisvoraussetzungen und ihres methodischen Ineinandergreifens. Ihre Leistung besteht zunächst einmal darin, dem Lehren eines Faches ein explizites Bewußtsein von dessen Eigenart zugrundezulegen, beispielsweise von der Rolle der Axiomatik im Aufbau mathematischen Wissens oder von der des Experiments im naturwissenschaftlichen Erkenntnisprozeß. Eine solche Analyse kann Physiklehrern etwa dazu verhelfen, das neugierig probierende kindliche Hantieren mit Dingen nicht als Vorstufe eines Prozesses mißzuverstehen, der kontinuierlich zum physikalischen Experiment führt, sondern aufmerksam zu werden auf das Problem des bruchartigen Übergangs von einem lebensweltlichen Verständnishorizont, der mit konkret bedeutsamen Dingen in der Erwartung eines Gebrauchswertes umgeht, zu einem mathematisch idealisierten Naturentwurf, der Naturgegenstände in der Erwartung gesetzmäßiger Beziehungen zusammenstellt. So könnte aus einer philosophischen Regionalanalyse physikalischer Erkenntnis unter anderem folgen, daß die in der fachdidaktischen Literatur vielfach als selbstverständlich behauptete zentrale Stellung des Experiments im Physikunterricht „ein Vorurteil" ist, daß vielmehr die Anbahnung eines Verständnisses für die mathematische Idealisierung der Natur, die dem anfänglichen Naturerfahren fremd ist, dem Experimentieren im Unterricht sachlogisch vorangehen muß.[10] An die Stelle der fachdidaktischen Adaption scheinbar sachneutraler, abstrakt-allgemeiner Lehr- und Lernwege, wie zum Beispiel entdeckendes Unterrichten und Lernen, würde die Reflexion auf die propria principia, auf die sachspezifischen Voraussetzungen treten, die in einem Erkenntnisrevier zugrundegelegt sind, den Weg zu seinen Einzelerkenntnissen vorzeichnen und deren Richtigkeitsanspruch begrenzen.[11] Daraus ergibt sich noch nicht, wie angesichts gegebener individueller und gruppentypischer Verständnishorizonte zu verfahren sei, um auf die Spur disziplinspezifischen Denkens und Erkennens zu gelangen. Wohl aber werden die unterrichtsmethodischen Maßnahmen und Einfälle limitiert. Man wird z. B. nicht einem angeblich allgemeinen Grundsatz von der Eigentätigkeit der Schüler zuliebe gezeichnete Dreiecke ausmessen lassen, um an die Erkenntnis heranzuführen, daß die Winkelsumme im Dreieck gleich und in der Nähe von 180 Grad liegt. In negativer Intention, nämlich um das sinnengebundene Vorverständnis zu

---

10 So in einer eindrucksvollen Analyse aus phänomenologischer Sicht bei Redeker 1982, S. 167-217.

11 Diese Idee einer transzendentalkritischen Didaktik ist im Ansatz entfaltet bei Alfred Petzelt (Petzelt 1962). Zur Weiterführung vgl. exemplarisch Schirlbauer 1984, S. 49-61. Eine ähnliche Intention verfolgte Josef Derbolav (Derbolav 1970b), wenn er das „Denkniveau" der Didaktik als ein wissenschaftstheoretisches bestimmt. Insofern sie es mit der „Reflexion auf die Grenzen und (praktischen) Voraussetzungen zu tun hat. S. auch Derbolav 1970a, Abschnitt III. Zur kritischen Weiterführung von Derbolavs und Franz Fischers Version einer philosophisch mitkonstituierten Didaktik, s. Benner 1995a und Benner 1995b.

enttäuschen und die Einsicht vorzubereiten, daß auf diesem Wege zu einem geometrischen Resultat überhaupt nicht zu gelangen sei, könnte ein der bloßen Beobachtung ähnlich erscheinendes Verfahren hingegen vielleicht sinnvoll sein.

III.

Dieses Modell philosophisch reflektierter Fachdidaktiken scheint mir das heute, angesichts einer Komplexität von Erkenntnisdisziplinen und erkenntnisgeleiteten Praktiken, die wohl keine Philosophie zu umspannen und in eine Gesamtordnung zu überführen vermag, Mögliche und Vertretenswerte zu sein. Es ist indessen nicht unmißverständlich. Das vermutlich naheliegendste Mißverständnis ist dies, daß Philosophie darin nurmehr als Zuarbeiterin für die Ablieferung der Lernenden an eine von positiven Erkenntnisdisziplinen beherrschte und gegliederte Welt erscheinen kann. Das schwebt vielleicht auch manchem vor, der sich fachdidaktisch für das fachgemäße Denkenkönnen gegenüber dem Vorrang der Wissensübermittlung stark macht und dabei vor allem die dauerhafte Etablierung des von ihm präferierten Segments sachlichen Interesses, also seinen Fachegoismus in den Köpfen der Lernenden im Sinn hat. Das wäre die unterrichtsdogmatische Auslegung des Modells. Sie weist der Philosophie eine die vorgefundene Kulturgliederung durchleuchtende und stabilisierende Funktion zu.

Ihr gegenüber gibt es eine problematische Deutung des Modells. Sie geht davon aus, daß die Welt, in deren Verständnis Lernende über systematische Lehrgänge eingeführt werden, in jedem ihrer Gliederungszüge von gedanklichen Propositionen geprägt ist, deren Notwendigkeit jedenfalls nicht ohne weiteres einleuchtet und vielleicht überhaupt nicht nachzuweisen ist, wenngleich sie dann immer noch in einer relationalen Begründung als berechtigt begreiflich sein können. Der Akzent wandert bei dieser Deutung philosophisch mitkonstituierter Fachdidaktiken auf die Ermöglichung von Bedingungs- und Grenzbewußtsein angesichts kulturell etablierter Weltsegmente. Das schließt den Ausblick auf deren eventuelle Überholungsbedürftigkeit ein. Es kommt dann nicht nur auf das Mitdenken und Weiterdenkenkönnen von etwas in einem eingeführten Sinne an, sondern auch auf die Möglichkeit des Umdenkens und Andersdenkens, im Geschichtsunterricht beispielsweise nicht nur auf ein Verständnis von historischen Sachverhalten und Verfahrensweisen der Wissensproduktion aus den Bedingungen ihrer Begreiflichkeit, sondern auch auf die Fragwürdigkeit und das Maß einer historischen Einstellung, auf die Erwägung von „Nutzen und Nachteil der Historie", ihrer Angemessenheit und Unangemessenheit in Rücksicht auf anderes, was auch sein Recht fordert, ohne daß dieses rückhaltlose, aber sachbezogene Problemdenken wiederum einem vorgeordneten Zweck verpflichtet wäre.

Generalisiert verweist die Idee philosophisch mitkonstituierter Fachdidaktiken im problematischen Vernunftgebrauch darauf, im systematisch angeleiteten Lernen, eingeschlossen das Lernen des Lernens, gegen seine primäre und scheinbar selbstverständliche Ausrichtung auf gesetzte Zwecke, auf Gebrauch und Verbrauch und auf bestimmte gegenständliche Strukturen, den Raum für die Frage offenzuhalten, ob und inwiefern etwas Zweck hat und wie es um die Geltung der Prämissen steht, von denen die gegenständliche Bestimmtheit des zu Lernenden abhängt. Streng genommen ist das der Raum, in dem das begriffs- und zielgesteuerte Lernen aufhört und einem sinnbildenden Denken Platz macht. Insofern könnte man auch sagen, daß die Dissemination von Philosophie in die Fachdidaktiken den Bruch mit der Vorstellung bedeutet, daß alles zu erlernen sei und daß aufs Lehren und Lernen pädagogisch alles ankomme.[12] Die fachdidaktische Intentionalität wird damit insgesamt an die in ihrer Sache liegenden Grenzen erinnert, die erst zum Vorschein kommen, wenn das, was sie als Sache nimmt, durch den obliquen philosophischen Blick vervollständigt wird, nämlich nicht bloß als gegeben, sondern im Hinblick auf fragwürdige gedankliche Propositionen als bedingungsweise geltend betrachtet wird.

Tragende Prämisse dieses Modells ist die Orientierung von Unterricht an einem problematisch gedeuteten Bildungsbegriff.[13] Unterricht, in welchem Fachgebiet immer, erfüllt seinen bildenden Sinn nach diesem Verständnis dann, wenn er über das distinkte Wissen und Können hinaus auch zum Bewußtsein der spezifischen Geltungsproblematik dieses Wissens und Könnens leitet. Insofern ein solches Bewußtsein ein Implikat von Philosophieren (im „Weltsinn") ist, wäre dann jeder Unterricht bezogen auf Philosophie, ohne damit ein eigenständiges Unterrichtsfach Philosophie (im „Schulsinn") überflüssig werden zu lassen.

---

12 Vgl. Ballauff 1970.
13 Dazu Ruhloff 1996, S. 148-157.

Zwei Einwände gegen dieses Modell seien abschließend kurz angesprochen: Erstens lege es die empirisch falsche und theoretisch bedenkliche Voraussetzung einer Orientierung von Schulunterricht an Wissenschaftsdisziplinen zugrunde, und zweitens überfordere es (Lehrer und) Schüler.

Der erste Einwand trifft den spezifischen Punkt nicht. Ob die Ordnungen des Wissens und Könnens, in die Schulfächer einführen, nach dem Muster wissenschaftlicher Wissensgliederung gebaut sind, wofür zumindest ab dem Niveau der Sekundarstufe einiges spricht, oder anders, etwa nach lebensweltlichen Organisationsgesichtspunkten, ist für das Modell nicht entscheidend. Ausschlaggebend ist vielmehr, ob die Voraussetzungen, unter denen etwas als ein fachlich oder bereichsspezifisch richtiges Wissen bzw. angemessenes Können gilt, grundsätzlich außer Frage bleiben oder nicht. Anknüpfungspunkte für Problembewußtsein bietet auch das Lesen- und Schreibenlernen in der Grundschule. Die Frage nach den geltungsbedingenden und – begrenzenden Prämissen von Wissen und Können und die nach der Ordnung heterogener Wissenssorten bleibt ein philosophisches Problem, auch wenn nicht vom wissenschaftlich-disziplinären Wissen ausgegangen wird.

Der Einwand der Überforderung verweist auf die Frage einer Differenzierung von Niveau- bzw. Komplexitätsstufen des Problematisierens. Unzutreffend wäre die Vorstellung, daß erst bei voller Berücksichtigung der methodologischen Komplexität, beispielsweise der historischen Forschung, ein Voraussetzungen problematisierender Geschichtsunterricht sinnvoll wäre. Die Differenz zwischen positivem Wissen bzw. Methoden der Wissenserschließung einerseits und bedingenden Voraussetzungen ist objektiv auf jedem Niveau im Spiel. In welchem Stadium bzw. in welcher Situation von Unterricht es sinnvoll ist, sie bis zu welchem Grade so zu thematisieren, daß weder das positive Wissen auf der Strecke bleibt noch das Problematisieren in sachleeres Gerede umschlägt, bleibt allerdings zu erwägen.[14] Eine Lehrerausbildung, die einseitig auf fachliches Wissen ohne philosophisches Problembewußtsein setzt, wird jedenfalls zu solchen Erwägungen nicht befähigen können, und die Schwierigkeit liegt dann weniger im hohen Anspruch des Modells als vielmehr im niedrigen von Lehrerausbildung.

---

14 Einiges dazu in Ruhloff 1996a, S. 289-302.

Literatur

Ballauff, Theodor, 1970, *Skeptische Didaktik*, Heidelberg
Benner, Dietrich, 1995, *Studien zur Didaktik und Schultheorie*, Weinheim u. München
Benner, Dietrich, 1995a, „Hauptströmungen der deutschen Didaktik und Curriculumforschung", in: Benner 1995, S. 11-46
Benner, Dietrich, 1995b, „Wissenschaft und Bildung", in: Benner 1995, S. 237-267
Bergmann, Klaus, 1996, „Geschichtsunterricht", in: Hierdeis/Hug 1996, Bd. 3, S. 737-746
Derbolav, Josef, 1970a, *Frage und Anspruch*, Wuppertal/Kastellaun
Derbolav, Josef, 1970b, „Versuch einer wissenschaftstheoretischen Grundlegung der Didaktik", in: Kochan, D. C. (Hg.), *Allgemeine Didaktik, Fachdidaktik, Fachwissenschaft*, Darmstadt, S. 31-74
Dolch, Josef, 1965, *Lehrplan des Abendlandes*, Ratingen, S. 28-37
Fischer, Wolfgang, 1987a, „Über das Lehren und Lernen von Philosophie bei Platon oder: Die dem Menschen eigentlich zukommende Bildung ist das Philosophieren; aber das Philosophieren ist nicht jedermanns Sache", in: Girndt, H./Siep, L. (Hg.), *Lehren und Lernen der Philosophie als philosophisches Problem*, Essen, S. 11-35
Fischer, Wolfgang, 1987b, „Was kann Allgemeinbildung heute bedeuten?", in: Pleines, J.-E. (Hg.), *Das Problem des Allgemeinen in der Bildungstheorie*, Würzburg, S. 9-25
Fischer, Wolfgang, 1989, „Über Sokrates und die Anfänge des pädagogischen Denkens", in: ders. u. D.-J. Löwisch (Hg.), *Pädagogisches Denken von den Anfängen bis zur Gegenwart*, Darmstadt, S. 1-25
Glöckel, Hans, 1996, „Didaktik/Methodik", in: Hierdeis/Hug 1996, Bd. 1
Habermas, Jürgen, 1968, „Erkenntnis und Interesse", in: ders., *Technik und Wissenschaft als „Ideologie"*, Frankfurt a. M.,1968, S. 146-168
Hierdeis, H./Hug, Th. (Hg.), 1996, *Taschenbuch der Pädagogik*, 3 Bde., Hohengehren
Petzelt, Alfred, 1962, *Von der Frage*, Freiburg i. B.
Platon, *Der Staat*, eingeleitet v. O. Gigon, übertragen v. R. Rufener, Zürich u. München 1975
Redeker, Bruno, 1982, „Zum Lernen von Physik", in: Lippitz, W./Meyer-Drawe, K. (Hg.), *Lernen und seine Horizonte*, Königstein/Ts., S. 167-217
Ruhloff, Jörg, 1996, „Bildung im problematisierenden Vernunftgebrauch", in: Borrelli, M./Ruhloff, J. (Hg.), *Deutsche Gegenwartspädagogik II*, Baltmannsweiler, S. 148-157

Ruhloff, Jörg, 1996a, „Über problematischen Vernunftgebrauch und Philosophieunterricht", in: *Vierteljahrsschrift für wissenschaftliche Pädagogik 72*, S. 289-302

Schirlbauer, Alfred, 1984, „Geschichte als Bildungsfach", in: Heitger, M. (Hg.), *Die Vielheit der Fächer und die Einheit der Bildung* (=Innere Schulreform III), Wien/Freiburg/Basel, S. 49-61

Schrettenbrunner, Helmut, 1996, „Erdkundeunterricht", in: Hierdeis/Hug 1996, Bd. 1, S. 258-268

Bildungsphilosophie

Ekkehard Martens

Platons Bildungsphilosophie.
Zur Aktualität prämodernen Denkens

Daß die Moderne, verstanden als tendenziell globale, durch Wissenschaft und Technik geprägte Industriegesellschaft, nicht nur in ihren bekannten handfesten Krisenphänomenen, sondern auch in dem ihr zugrundeliegenden Bewußtsein nicht so ist, wie sie sein sollte, wird heute kaum mehr im Alltags- oder Wissenschaftsdiskurs der Moderne bestritten. Die „instrumentelle Vernunft" oder „Dialektik der Aufklärung", so lauten die von Adorno und Horkheimer entlehnten leitenden Topoi des Krisen-Konsenses, reduzieren Vernunft und Aufklärung auf wissenschaftlich-technische, szientistische Erklärbarkeit und Machbarkeit von allem und jedem. Dieser vage Krisen-Konsens kann allerdings nicht über einen tiefgreifenden Dissens hinsichtlich akzeptabler Diagnose- und Therapievorschläge hinwegtäuschen. Sie lassen sich recht grob nach zwei konträren Auffassungen unterscheiden. Die einen wittern das Grundübel der Moderne in der zunehmenden Uniformierung, ja Unterdrückung sämtlicher Lebensäußerungen, Zielvorstellungen und Handlungsvollzüge durch eine szientistische Vernunft und plädieren als Lösung für eine Pädagogik der Differenzen.[1] Die anderen dagegen sehen genau in derartigen, ohnehin schon übermächtigen Differenzen das Grundübel der Moderne und plädieren als Lösung für eine Pädagogik sinnstiftender Gemeinsamkeit.[2]

In Anlehnung an Wolfgang Welsch möchte ich diese beiden Diagnose- und Therapievorschläge als „differentielle Option" und als „ganzheitliche Option" unterscheiden.[3] Beide Optionen lassen sich durch einen praktischen Syllogismus zweier konträrer, sich ausschließender Optionen erläutern. Die differentielle Option liest sich dann folgendermaßen:

---

1 Siehe z. B. Maset 1995.
2 Siehe z. B. die Vertreter der Forderung „Mut zur Erziehung" (Kongreß Bonn 1978); zur Kritik an einer „autoritären Pädagogik", siehe Tugendhat 1992.
3 Vgl. Welsch 1993, S. 166.

(1) Normative oder Soll-Prämisse: Es gibt viele, höchst unterschiedliche Wahrheiten über die Grundfragen unseres Wissens, Tuns, Hoffens und Menschseins (vgl. Kant, *Logik* A 24/25), und es soll diesen Plural geben als Ausdruck unserer „Freiheit-wovon".

(2) Deskriptiver oder Ist-Mittelsatz: Die szientistisch-aufklärerische Vernunft der Moderne bedroht die wünschenswerte Vielfalt durch Vereinheitlichung.

(3) Handlungs-Folgerung: Daher muß sich pädagogisches Handeln verstärkt und konsequent an der differentiellen Option orientieren.

Die dazu konträre ganzheitliche Option dagegen lautet entsprechend:

(1) Es gibt die eine, verbindliche Wahrheit, was Wissen bedeutet, was wir tun sollen, hoffen können oder als Menschen sind, und es soll diesen Singular geben als Ausdruck unserer „Freiheit-wozu".

(2) Die szientistisch-aufklärerische Vernunft der Moderne bedroht die wünschenswerte Einheit durch Vielfalt.

(3) Daher muß sich pädagogisches Handeln verstärkt und konsequent an der ganzheitlichen Option orientieren.

Die erste, differentielle Option ist bereits Gegenstand bildungsphilosophischer Debatten geworden, zuerst in dem von Winfried Marotzki und Heinz Sünker 1992 herausgegebenen Band *Kritische Erziehungswissenschaft – Moderne – Postmoderne*.[4] Die zweite, ganzheitliche Option dagegen ist bisher noch nicht ausdrücklich diskutiert worden. Strittig ist jedenfalls beidemal, was unter „Postmoderne" und „Prämoderne" genauer zu verstehen ist, ebenso, wie die „Moderne" begrifflich genauer gefaßt und als wissenschaftlich-technischer Fortschritt sowie als radikale Aufklärung bewertet werden soll. So wurde im Postmodernismusstreit der Pädagogik Postmoderne zunächst mit schrankenloser Beliebigkeit assoziiert und als Abfall vom modernen Aufklärungsanspruch beargwöhnt. Erst allmählich wurde sie auch in ihrer konstruktiven Variante als Aufklärung über die Aufklärung und Bereicherung der rationalen durch die ästhetische Vernunft verstanden. Ähnlich erscheint ein Plädoyer für prämodernes Denken und Handeln zunächst eher als Rückfall hinter die Errungenschaften der modernen Aufklärung, ohne daß auch ihr spezifischer Beitrag zu einer selbstaufgeklärten Aufklärung deutlich würde, die sich ihrer nicht vollständig reflexiv einholbaren Voraussetzungen bewußt wäre. In der Tat läßt sich das aktuelle Plädoyer für moralische Eindeutigkeit, für Ori-

---

4 Marotzki/Sünker (Hg.) 1992.

entierung an fundamentalen Werten, für Rückkehr des Mythos oder für Einbindung in die Ordnung *der* Natur oder *der* Gemeinschaft zunächst lediglich im Sinne einer geschlossenen, vor- oder antiaufklärerischen Prämoderne verstehen und als negative Variante kritisieren. Wie die Postmoderne ist allerdings auch die Prämoderne ein höchst ambivalenter, zweideutiger Begriff und enthält ebenfalls eine konstruktive, durchaus akzeptable Variante.[5] Die gegenwärtige Grundlagendiskussion sollte daher nach dem Postmodernismus- auch einen Prämodernismusstreit führen, um die faktische Aktualität prämodernen Denkens in ihrer Legitimität zu prüfen.

Für den notwendigen bildungsphilosophischen Prämodernismusstreit möchte ich mit Platon einen Anfang machen. Platon ist nicht nur historisch gesehen, sondern vor allem in systematischer Hinsicht ein prämoderner Denker und geradezu der Meisterdenker der Prämoderne. An seiner Bildungsphilosophie wird die Ambivalenz der Prämoderne und ihre mögliche konstruktive Variante und Aktualität für die Moderne besonders deutlich sichtbar. Für Platon stehen, so lassen sich seine Schriften unzweifellos von den Frühdialogen über den *Siebten Brief* bis zum *Staat* lesen, Philosophie und Bildung in einem systematischen Verhältnis zueinander. Nach dem Zusammenbruch eines einheitlichen, vor allem durch Homer geprägten Orientierungsrahmens durch zunehmende Handels- und Reiseerfahrungen, Demokratieansprüche und Kriegswirren versuchte Platon Bildung und Erziehung grundsätzlich neu an verbindlichen Vernunft- und Moralansprüchen zu orientieren. Eine derartige Orientierung allerdings zieht gerade die aktuelle Kritik der differentiellen Option auf sich und scheint auf den ersten Blick jedenfalls kaum geeignet zu sein, die mögliche positive Variante prämodernen Denkens an Platon herauszuarbeiten.

Nach Platons berühmtem Höhlengleichnis und dem anschließenden philosophischen Erziehungs- und Bildungsgang im 7. Buch des *Staates* können wir Menschen uns im Blick auf die unwandelbaren, jenseitigen Ideen als Gefangene im Diesseits der Höhle wiedererkennen und sollen den Weg aus der Höhle zum Ausgang ans Licht gehen. Wir gewinnen ein Bild von uns selbst und von unserer Stellung in der Welt im Blick auf das Vorbild der Ideenwelt und formen oder bilden *uns* als Menschen in unse-

---

5 Auf die mögliche konstruktive Variante der Prämoderne weist auch Welsch hin, etwa auf die notwendigen „integrativen Züge" der differentiellen Option vor allem bei Spaemann; Welsch 1993, S. 167; vgl. auch S. 227 ff., S. 295 ff.

rem Wissen, Tun und Hoffen in Angleichung an die eine, verbindliche Wahrheit und zwar unter der Führung der dazu gebildeten und berufenen Philosophen. Der allein gangbare Ausweg aus dem hilflosen Hin und Her der Schattenwelt ist die Orientierung an der Ideenwelt, wie es in Platons Deutung des Höhlengleichnisses weiter heißt. Die Bildung oder Formung unserer vielfältigen und widerstrebenden Affekte und Interessen geschieht nach Platon stufenweise und in einem strengen Ausleseverfahren: zunächst durch gymnastische und musische Erziehung anhand der moralisch „richtigen", harmonischen Bewegungen, Dichtung und Musik; anschließend durch die „richtigen", nämlich mathematisch-astronomischen Einzelwissenschaften im Unterschied zur empirischen Betrachtungsweise des Weltganzen; ferner durch eine lange praktische Bewährungszeit in politischen Ämtern; schließlich durch die Philosophie oder Dialektik, die einer dazu fähigen funktionalen Elite vorbehalten ist.

Eine derartige Bildungsphilosophie erscheint aus der Sicht des modernen, aufgeklärten Denkens leicht als autoritäre Ursprungsphilosophie, die einen direkten, privilegierten Zugang zu der einen Wahrheit beansprucht und sich der im Prinzip jedermann möglichen Prüfung der vielen Wahrheitsansprüche entzieht. Kann also eine Beschäftigung mit Platons Bildungsphilosophie mehr leisten, als uns die historischen Wurzeln des wieder oder immer noch aktuellen prämodernen Denkens in seiner negativen Variante warnend zu verdeutlichen? Das autoritäre Staatskonzept Platons und die Einschränkung seiner Bildungsphilosophie auf eine Elite, dazu erst im Alter von fünfzig Jahren, scheint eine unvermeidbare Konsequenz seiner ganzheitlichen Option zu sein. So verurteilt vor allem Popper in seiner wirkungsmächtigen Kritik unter dem unmittelbaren Eindruck der zeitgenössischen Totalitarismuserfahrungen unter Hitler und Stalin den „Zauber Platons" als Feindschaft gegenüber einer „offenen Gesellschaft" und als Verrat an Platons Lehrer Sokrates.[6]

Tatsächlich läßt sich Platons autoritäres und elitäres Staats-Bildungskonzept, das sich etwa auch Heidegger in seiner Rektorats-Rede von 1933[7] zum Vorbild nahm, nur schwer weginterpretieren oder gar beschönigen. Allerdings ist es bei Platon nicht systematisch aus seiner Philosophie heraus begründet. Vielmehr beruht es auf seinen spezifischen Erfahrungen mit der damaligen, in der Tat kritikwürdigen athenischen Demokratie als Herrschaft einer ungezügelten, durch eine Minderheit

---

6 Vgl. Popper 1957; zur Epikritik an Popper, vgl. Frede 1996.
7 Vgl. Heidegger 1983.

manipulierten Masse.[8] Auch haben Platons Erfahrungen mit gewissen Formen der Sophistik als bloß instrumenteller Eristik oder „zersetzender" Streitkunst sein verständliches und zum Teil berechtigtes Mißtrauen erregt, seine Art von Philosophie jüngeren oder auch älteren „unreifen" oder „unbegabten" Menschen zuzumuten. Daß Platon den Versuch seines von ihm verehrten Lehrers Sokrates, gerade mit der athenischen Jugend ins Gespräch zu kommen (vgl. *Theages, Lysis, Charmides*), in seinen späteren Werken als gescheitert ansieht, ist daher aus seinen spezifischen Erfahrungen heraus zwar verständlich, folgt aber nicht zwingend aus seiner Bildungsphilosophie.

Platons Konzept einer autoritären und elitären Staats-Bildung wäre dagegen systematisch nur dann immanent zwingend, wenn sie aus der einheitlichen Option einer nicht rational von jedermann überprüfbaren Ideenschau abgeleitet werden könnte, der negativen Variante prämodernen Denkens. Dies ist allerdings nicht der Fall. Zwar geht Platon von einer grundsätzlich einheitlichen Option aus, diese aber trägt zugleich differentielle Züge. Philosophie als Dialektik ist für Platon, wie er in seinem späteren Dialog *Sophistes* definiert, das Verbinden und Trennen der Begriffe, Einheit und Vielfalt zugleich (253 c ff.). Allerdings kann man nicht übersehen, daß der spätere Platon, etwa im *Staat*, in der Tat Dialektik eher im Sinne einer ganzheitlichen Ideenschau denkt. Dagegen findet man beim früheren Platon, in seinen sogenannten sokratischen Dialogen, Dialektik eher als einen offenen, unabschließbaren Dialogprozeß dargestellt.

Das Verhältnis vom früheren zum späteren Platon oder von Sokrates zu Platon einigermaßen befriedigend klären zu wollen, würde zu einer unendlichen Geschichte der Exegese der sogenannten Ideenlehre führen,[9] die obendrein von Platon selber nicht einmal in den Ideen-Klassikern *Phaidon* oder *Staat* ausgeführt wurde; sie wurde im Gegenteil im *Sophistes* und im *Parmenides* fast mit denselben Argumenten, die später sein Schüler Aristoteles einwandte, auch von Platon selbst kritisiert. Daher möchte ich mich bei der Diskussion von Platons Bildungsphilosophie nicht weiter auf den Streit der Ideen-Exegese einlassen. Allerdings möchte ich mich auch nicht mit der Verlegenheitslösung zufriedengeben, die vor einiger Zeit vor allem der bekannte Sprach- und Moralphilosoph Richard M. Hare angeboten hat. Hare schlägt vor, die Position des früheren und des

---

8   Vgl Meier 1993, bes. S. 589 ff.
9   Siehe die Zusammenfassung Gaiser 1961.

späteren Platon einfach als Aufeinanderfolge unterschiedlicher philosophischer Positionen hinzunehmen. So spaltet er *Pl*atons Namen in einen begriffsanalytischen *L*aton und einen metaphysischen *P*aton auf, wobei er seine Sympathie für den sokratischen Laton nicht verhehlt.[10] Mit einer derartigen Aufspaltung allerdings wird das Problem, wie sich die differentielle und einheitliche Option beim früheren, sokratischen und beim späteren, platonischen Platon systematisch zueinander verhalten, nur benannt, aber nicht diskutiert oder gar gelöst. Im Gegensatz zu Hare möchte ich daher das Verhältnis von einheitlicher und differentieller Option als systematisch notwendige Spannung zu verstehen versuchen, wobei auch ich meine Sympathie für die sokratische Option nicht verhehlen möchte, und dies hoffentlich mit guten Gründen.

Um die zunächst für ein modernes, erst recht für ein postmodernes Denken befremdlich und überholt wirkende Bildungsphilosophie des späteren Platon für die aktuelle Problemlage der Pädagogik zugänglich zu machen, empfiehlt es sich, von der sokratischen Option auszugehen, die einem freiheitlichen, demokratischen oder differentiellen Bildungsdenken näher zu liegen scheint. In der Tat wurde das sokratische Philosophieren oder seine Bildungspraxis mit den jungen Athenern sogar im Sinne der differentiellen, postmodernen Option verdächtigt, die traditionelle einheitliche Grundorientierung nach sophistischer Manier durch sein kritisches Hinterfragen zu zerstören, angefangen in Aristophanes' Komödie *Die Wolken* bis hin zur Anklage vor Gericht wegen Götterleugnung und Jugendverderbnis. Genausowenig wie Platons scheint daher zunächst auch Sokrates' Bildungsphilosophie kaum geeignet zu sein, die beiden konträren Positionen in ihrer konstruktiven Variante zu verstehen und miteinander zu verbinden. Im Verhältnis von Sokrates und Platon scheint sich der Streit eher zu wiederholen. Dennoch läßt sich zeigen, daß sich die sokratische Bildungspraxis sowohl von der negativen prämodernen Option eines total geschlossenen Denkens als auch von der negativen postmodernen Option eines total offenen oder beliebigen Denkens unterscheidet und daß sich beides in einem konstruktiven Sinne zusammendenken läßt.

Dies möchte ich exemplarisch am sokratischen Dialog *Laches* darzustellen versuchen. Im *Laches* geht es um die Tapferkeit, die traditionelle Zentraltugend der griechischen Adelsgesellschaft aus der Zeit Homers, der nach Platon ganz „Hellas gebildet" hat (*Staat* X 606 e). Wörtlich aus

---

10 Hare 1990, S. 48 ff.

dem Griechischen „andreia" übersetzt, bedeutet Tapferkeit die „Mannestugend" schlechthin, etwa der Heerführer Achill oder Agamemnon. Im *Laches* wollen zwei Väter ihre Söhne zu „möglichst guten" (griechisch: hos aristoi) Männern im Sinne aristokratischer Tugendvorstellungen erziehen (178 b). Zu diesem Zweck wollen sie das für Athen noch neue „Fach" Fechten-in-voller-Rüstung prüfen. Zunächst wenden sie sich an zwei Fachleute, die Generäle Laches und Nikias, ziehen auf deren Rat aber auch Sokrates hinzu, als Fachmann für pädagogische Beratung. Dem stimmen ihre Söhne ebenfalls lebhaft zu (181 e f) – fast als würden sie sich schon vorher darauf freuen, wie Sokrates die Erwachsenen mit seiner Fragerei durcheinanderbringen wird. Tatsächlich kommen die Kinder – und wir als Leser – voll auf unsere Kosten. Und man darf vermuten, daß auch Sokrates, der weise, spöttisch-ironische Silen,[11] seine Freude daran hatte, seine selbstsicheren Gesprächspartner bloßzustellen und zu ärgern.

Bei dem berühmten sokratischen Dialog mit seinen bekannten Elementen der Elenktik (Prüfung), Maieutik (Hebammenkunst), Aporetik (Ausweglosigkeit) und Ironie (Verstellung), bleibt es jedoch keineswegs bei einer differentiellen Option des bloßen Hinterfragens und Zerpflückens selbstsicherer Wissensansprüche. Vielmehr wird dabei ein Spannungsverhältnis von differentieller und einheitlicher Option, von zerstörender und aufbauender Kritik oder von Nichtwissen und Wissen schrittweise sichtbar. Der *erste* Schritt ist die Faktenanalyse. Wie sich herausstellt, sprechen die Fakten keineswegs für sich. Die Fachleute sind sich über die Vor- und Nachteile des fraglichen Erziehungsmittels uneins. In einem *zweiten* Schritt erinnert Sokrates – getreu seinem Hebammenprinzip – seine Unterredner daran, daß eine Entscheidung in der strittigen Erziehungsfrage nicht nach zufälliger Mehrheit, sondern nach bestem Sachverstand zu erfolgen hat, wie auch bei anderen vergleichbaren Entscheidungen, etwa beim Suchen nach einem geeigneten Wettkampftrainer. *Drittens*, so entlockt Sokrates seinen Gesprächspartnern erneut anhand von Beispielen als unausweichliche Einsicht, geht es ihnen beim Fechtenlernen offensichtlich um ein Erziehungsmittel für ein bestimmtes Erziehungsziel, um die Bildung der körperlichen und charakterlichen Gesamtverfassung ihrer Söhne als „Mannestugend". Die Tapferkeit aber sähen sie doch übereinstimmend, so fährt er in einem *vierten* Schritt fort, als etwas Gutes an – ihre Söhne sollten nach ihrem eigenen Wunsch „möglichst gut" werden. *Fünftens* erinnert Sokrates an die allen Athenern sattsam bekannte Tat-

---

11 Vgl. Martens 1992, Kap. 2.

sache, daß es mit dem Wissen um „das Gute" der Erziehung und Bildung schlecht bestellt ist. Ist denn Reichtum, politische Macht, Sieg im Wettstreit oder militärischer Ruhm schlechthin gut? Sind „aristokratische" Tugendvorstellungen wirklich „gut"?

In einem *sechsten*, ausführlichen Schritt werden verschiedene Definitionsvorschläge der Gesprächspartner geprüft (Elenktik) und sämtlich als untauglich verworfen. Daß beispielsweise Tapferkeit etwas mit Standfestigkeit in Gefahren zu tun haben soll, ist unstrittig. Warum aber nur im militärischen Bereich? Gibt es nicht, wie wir heute sagen würden, so etwas wie Zivilcourage und beharrliche Pflichterfüllung, etwa in der Krankenpflege (192 e)? Bei genauerem Nachfragen wird also kaum jemand Tapferkeit als bloße „Mannestugend" ansehen; dazu beschränkt auf den militärischen Bereich. Außerdem soll die fragliche Tapferkeit als Bildungsziel übereinstimmend etwas Gutes sein. Auf welche wirklich erstrebenswerten Ziele aber bezieht sie sich? Bloße Beharrlichkeit, wie Laches zunächst Tapferkeit definiert, kann auch etwas Schlechtes sein, etwa beim Standhalten gegenüber den Feinden trotz eindeutiger Unterlegenheit. Müßte man außerdem nicht wissen, was erstrebenswert oder gut ist, anstatt an bloßen, außerdem längst schon brüchigen Konventionen vom Guten starr festzuhalten?

Schließlich, so *siebtens*, endet der Dialog, wie es jedenfalls scheint, aporetisch oder ausweglos. Er soll aber auf Wunsch der Gesprächsteilnehmer am nächsten Tag fortgesetzt werden. Offensichtlich haben die Gesprächspartner des Sokrates trotz aller Ironie nicht den Eindruck, mit ihm nicht weitergekommen zu sein. Tatsächlich betont Sokrates zwar von Anfang an sein bekanntes Nichtwissen, bewegt sich aber deutlich in einem impliziten, nicht ausdrücklich gemachten Wissen. Sein Fragen oder Hinterfragen führt keineswegs notwendigerweise zu der befürchteten Zerstörung aller bisherigen Grundüberzeugungen. Im Gegenteil, Tapferkeit wurde als Zielvorstellung einer möglichst guten Bildung des gesamten Menschen im kritischen Dialog mit Sokrates *als* unbewußt handlungsorientierende Grundüberzeugung überhaupt erst sichtbar, und sie wurde als solche in keiner Weise in Frage gestellt oder auf ihre Begründung hin überprüft. *Wir gehen, so läßt sich Sokrates' einheitliche Option (1.) festhalten, immer schon von Grundorientierungen aus, die als solche in ihrem Kern keiner vollständig rationalen Begründung fähig sind.* Außerdem wurden als unbewußte Grundorientierungen neben den inhaltlichen Werten auch die Entscheidungspraxis durch Sachverstand statt durch zufällige Mehrheiten oder Meinungen und Vorlieben bewußt, darüber hinaus auch die verengten und widersprüchlichen Vorstellungen dieser in der Regel unaufgedeckten Grundorientierungen, etwa was „Tapferkeit" als vermeintliche „Mannestugend" und zweifellos „Gutes" ist oder was Sachverstand als vermeintlich eindeutiges zweckrationales Wissen bedeutet. So wurde deutlich, daß Tapferkeit nicht im ungezügelten Ausleben der Affekte besteht, auch nicht in einer klugen Zweck-Mittel-Wahl der eigenen Handlungen, sondern im Ausgleich divergierender Strebungen und Interessen im Hinblick auf das Gute. Bereits im *Laches* läßt sich somit die Definition des späteren Platon erkennen, nach der Tapferkeit bedeutet, die wahre Meinung – nicht das sichere Wissen – vom Guten gegen alle Widerstände und Affekte zu bewahren und die eigene Haltung vernünftig zu regulieren oder zu ordnen (*Staat*, IV. Buch). *Unsere Grundorientierungen haben also, so (2.), eine in sich differenzierte Gestalt.*

Das Gute ferner wird im Durchgang durch die nur äußerlich ergebnislosen Prüfungen als in sich ausgewogenes Verhältnis widerstreitender Strebungen und Interessen sichtbar. Areté oder die Bestverfassung des Menschen besteht, wie sich im Blick auf die Phänomene zeigt, in einer prekären Balance der drei Seelenteile, des Begierdehaften, Mutartigen und Vernünftigen. *Auch das Gute selbst, so also (3.), ist keine bloß vage, beliebig differenzierbare Vorstellung, sondern gewinnt inhaltlich eine einheitliche Gestalt.* Schließlich aber ist im *Laches* durchgehend das unerschütterliche Vertrauen des Sokrates am Werk, daß wir im Durchgang durch die unvermeidbaren Begriffsdifferenzierungen zu besseren Einsichten gelangen können. *Das Vertrauen in die orientierende und regulierende Kraft von Vernünftigkeit ist (4.) ein weiteres Merkmal der einheitlichen Option des Sokrates.* Bereits in einem frühen Dialog wie dem *Laches* kommt somit die einheitliche Option oder Ideen-Annahme des späteren Platon als Hintergrund der sokratischen Dialogpraxis zum Vorschein. Im *Gorgias* (503 e ff.) etwa definiert Platon areté ausdrücklich als Ordnung oder Schmuck (taxis, kosmos) der in sich zusammenhängenden Verfassung des Weltganzen, der Polis und des Menschen. Bei einem derartigen Ordnungs- oder Harmoniedenken allerdings wird sofort wieder die eher negative Variante des prämodern geschlossenen, unkritischen Denkens deutlich, ähnlich bei den aktuellen Ansätzen eines ökologischen, kommunitaristischen oder moralischen Ganzheitsdenken.

Beim früheren, sokratischen Platon dagegen läßt sich eine systematische Einheit von ganzheitlicher und differentieller Option feststellen, die sich genauer als strukturelle Spannung der Moderne zwischen Postmoderne und Prämoderne darstellen läßt. Zunächst enthält das sokratische

„Rechenschaftgeben" oder Prüfverfahren rationale und empirische Merkmale und entspricht insofern der aufklärerischen, problematisch gewordenen Vernunft der *Moderne*. Der in diesem Sinne moderne Sokrates gilt von Nietzsche über Heidegger bis Dreyfus, dem Kritiker der Künstlichen Intelligenz, geradezu als Urvater der modernen Rationalität. Die Kritik an der angeblich schrankenlos aufklärerischen Rationalität des Sokrates übersieht aber, daß diese in einem doppelten Sinne über ihre Grenzen selbstaufgeklärt ist. Das rationale Prüfen von Geltungsansprüchen ist einerseits mit dem Gebrauch von Bildern, Mythen und situativen Bezügen wie Ironie, Provokation und Emotionalität verbunden, ebenso mit der Absage an eine eindeutige, lehr-lernbare Schlußformel oder Definition der fraglichen Tapferkeit, Besonnenheit oder Gerechtigkeit. Damit trägt die moderne Verfahrensrationalität des Sokrates auch strukturell *postmoderne* Züge einer situativ offenen, geradezu aisthetischen, mit allen Sinnen wahrnehmenden Vernunft an sich.[12] Andrerseits ist Sokrates' nicht vollständig rational einholbares oder begründbares Vertrauen auf die befreiende Kraft menschlicher Vernunft sowie sein Vertrauen auf die absolute Verpflichtung zu Tapferkeit, Besonnenheit oder Gerechtigkeit, ebenso zu unserer Vernunft als Suche nach Wahrheit (vgl. *Menon* 86 b f., *Phaidon* 114 d) insofern als *prämodern* zu bezeichnen, als es sich an gemeinsamen, letzten Sinnbezügen orientiert.

Ich möchte meine Überlegungen mit einer Erinnerung an Kants *Verkündigung des nahen Abschlusses eines Traktats zum ewigen Frieden in der Philosophie* von 1796 beenden, die im Gegensatz zu der ein Jahr vorher erschienenen Schrift *Zum ewigen Frieden* keine Zweihundert-Jahr-Jubiläums-Veranstaltungen nach sich gezogen hat. Daher mag meine Erinnerung zugleich als kleiner Beitrag für eine fiktive Festrede gelten. Philosophie bedeutet, so betont Kant ironisch, nicht etwa einen ewigen Frieden als „Polster zum Einschlafen" oder als „Ende aller Belebung". Im Gegenteil, der ewige Friede in der Philosophie bedeute „kontinuierliche Belebung" und „Abwehrung des Todesschlafes" durch eine „streitbare Verfassung" bei der Prüfung unserer grundlegenden Überzeugungen. Philosophie beendet nach Kant den dogmatischen Zank ebenso wie die Ohnmacht der theoretischen Vernunft und eröffnet statt dessen einen friedlosen Frieden durch das praktische „Gebot: du sollst (und wenn es in der frömmsten Absicht wäre) nicht lügen". Mit Platon geht auch Kant von

---

12 Vgl. Martens 1995.

der Notwendigkeit allgemeiner Vernunftideen aus, allerdings lediglich in einem regulativen, nicht in einem konstitutiven Sinne. Mit Sokrates dagegen betont er zugleich die Notwendigkeit kritischer Prüfung unseres jeweiligen Wissens, das keine sicheren Ableitungen für den Einzelfall zuläßt. Bei dieser kurzen Erinnerung will und muß ich es hier allerdings belassen. Die Philosophie des Sokrates-Verehrers Kant wäre ein weiterer Beitrag zur Klärung der Spannung der Moderne zwischen Postmoderne und Prämoderne, in der Tat ein weites, fruchtbares Feld für sich.

Literatur

Frede, Dorothea, 1996, „Platon, Popper und der Historizismus", in: Rudolph, E. (Hg.), *Polis und Kosmos. Naturphilosophie und politische Philosophie bei Platon*, Darmstadt

Gaiser, K., 1961, „Das Platon-Bild Stenzels und seine wissenschaftliche Bedeutung. Einführung", in: Stenzel, J., *Platon der Erzieher*, Hamburg (zuerst 1928)

Hare, Richard M., 1990, *Platon. Eine Einführung*, Stuttgart (engl. 1982)

Heidegger, Martin, 1983, *Die Selbstbehauptung der deutschen Universität. Das Rektorat 1933/34*, Frankfurt/M. (zuerst 1933 bzw. Erstveröffentlichung)

Marotzki, Winfried/Sünker, Heinz (Hg.), 1992, *Kritische Erziehungswissenschaft – Moderne – Postmoderne*, Weinheim

Martens, Ekkehard, 1992, *Sokrates*, Stuttgart

Martens, Ekkehard, 1995, „Die Krise der europäischen Philosophie und Pädagogik – Ästhetik als Ausweg?", in: *studia philosophica*, vol. 24: *Philosophie und Erziehung*

Maset, P., 1995, *Ästhetische Bildung der Differenz. Kunst und Pädagogik im technischen Zeitalter*, Stuttgart

Meier, Christian, 1993, *Athen. Ein Neubeginn der Weltgeschichte*, Berlin

Popper, Karl R., 1957, *Die offene Gesellschaft und ihre Feinde*, Erster Band: *Der Zauber Platons*, Bern (englisch 1944)

Tugendhat, Ernst, 1992, „Gegen die autoritäre Erziehung. Streitschrift gegen die Thesen 'Mut zur Erziehung'", in: ders., *Ethik und Politik*, Frankfurt/M.

Welsch, Wolfgang, [4]1993, *Unsere postmoderne Moderne*, Berlin

Stephanie Hellekamps

Die Bedeutung Nietzsches für ein bildungstheoretisches Persönlichkeitskonzept

Angesichts des Anspruchs, etwas zur Klärung der Frage nach der Bedeutung der Philosophie für die Erziehungswissenschaft beizutragen,[1] habe ich mich gefragt: *Welcher* Philosophie? *Wessen* Philosophie? Weiter erforderte die Beantwortung der Frage, den Sinn *der* Pädagogik zu bestimmen sowie *die* pädagogische Bedeutung der jeweiligen Philosophie. Das kann ich nicht leisten. Statt dessen möchte ich einen anderen Zugriff wählen. Ich werde nach der Bedeutung einer *bestimmten* Philosophie für eine *bestimmte* bildungstheoretische Problemstellung fragen. Ich meine die praktische Philosophie Nietzsches und ihre Bedeutung für die Frage nach dem Zweck von Bildung. Damit knüpfe ich an einen Versuch an, den in der Bildungstheorie kürzlich auch Alfred Schäfer unternommen hat. In seinem Buch *Das Bildungsproblem nach der humanistischen Illusion* geht Schäfer von dem Grundgedanken aus: *individuum est ineffabile*. Damit verbindet sich für ihn die Vorstellung von der radikalen Freiheit und Unverfügbarkeit des Individuums. Dessen Einzigartigkeit verbietet Schäfer zufolge die Formulierung eines einheitlichen, für alle gültigen Bildungsideals. Zu recht verweist er darauf, daß dies auch für die klassische Vorstellung der harmonischen Persönlichkeit gilt. Die Konsequenz, daß jedes Individuum – noch radikaler als es Humboldt dachte – sein eigenes Original ist, erörtert Schäfer u. a. an Friedrich Nietzsches Version einer „Ästhetik der Existenz"[2]. Hier scheint auch mir ein bedeutsamer Ansatzpunkt für die Frage nach dem „Bildungsideal" gegeben zu sein. Anders als Schäfer aber werde ich nicht die tragischen Züge von Nietzsches Philosophie in den Vordergrund stellen, sondern seine Theorie der Selbsterschaffung. Schäfer betont zwar die „bildungstheoretisch bedeutsame Provokation des [...] vornehmen Menschen", der zu der „Einsicht in die Unüberschreitbarkeit

---

1 Vgl. die Einleitung der Herausgeber dieses Bandes.
2 Vgl. Schäfer 1996, insbes. Kap. 3.

menschlicher Sinngebung" freigesetzt ist.³ Damit meint Schäfer die Unvermeidbarkeit autonomer Sinnstiftung ohne vorgegebene, objektive Maßstäbe. Indessen schöpft er die bildungstheoretische Bedeutung des vornehmen Menschen nicht aus. Schäfer bezeichnet den Vornehmen als borniert und willkürlich, der von sich sagt, er wolle der werden, der er ist. Damit verzichtet Schäfer jedoch auf eine bildungstheoretische Anschlußmöglichkeit, die auf das Problem der Transformation der eigenen Kontingenz zielt. Der vornehme Mensch transformiert seine Kontingenz in sein Geschick, indem er er selbst wird und zu einer ihm gemäßen Lebensführung findet. Dies möchte ich nun an einer Interpretation von Nietzsches Konzeption des vornehmen Menschen zeigen. Ich gehe in drei Schritten vor. *Erstens* entwickle ich die aporetische Struktur von Nietzsches Persönlichkeitskonzept. *Zweitens* bringe ich mit Helmut Peukert *den Anderen* ins Spiel. Und *drittens* werde ich vorschlagen, mindestens zwei verschiedene Persönlichkeitsbegriffe zu unterscheiden.

I.

Ich verstehe Nietzsches vornehmen Menschen als eine Persönlichkeit, die ihr eigenes Geschick in völliger Autonomie gestaltet und nur ihrer eigenen, immanenten Teleologie gemäß lebt. Nietzsche spricht vom *Instinkt* oder *Affekt*, um die ausschließlich aus dem Inneren der Person selbst hervorgehende Aktivität zu charakterisieren. Der vornehme Mensch, der sein eigenes Geschick ergreift, ist einzigartig. Nietzsche beschreibt ihn darum weniger in diskursiven Begriffen, die notwendigerweise allgemein sind, als in Metaphern. Der vornehme Mensch ist das Endergebnis des ungeheuren Prozesses, „wo der Baum endlich seine Früchte zeitigt": „so finden wir als reifste Frucht [...] das *souveräne Individuum*, das nur sich selbst gleiche, das von der Sittlichkeit der Sitte wieder losgekommene, das autonome, übersittliche Individuum (denn 'autonom' und 'sittlich' schließt sich aus), kurz den Menschen des eignen unabhängigen langen Willens, der *versprechen darf*"; dieser Freigewordene nennt das Bewußtsein seiner seltenen Freiheit „sein *Gewissen*..."⁴.

---

3 Vgl. Schäfer 1996, S. 157 u. 166.
4 Vgl. Nietzsche 1993c, S. 293 f.

Ich übergehe hier die geschichtsphilosophischen Implikationen dieser Beschreibung und beziehe mich nur auf die formalen Bestimmungen des „souveränen Individuums". Dieses steht über der Moral als einem Regelgefüge, das dem Menschen sagt, was er tun soll und, schlimmer noch, was er *nicht* tun soll. Moral ist für Nietzsche, den immoralischen Moralisten, etwas, das von außen kommt. Sie tritt der individuellen Persönlichkeit als etwas Fremdes gegenüber. Zudem *verbietet* traditionelle Moral. Demgegenüber hat sich das souveräne Individuum von allem „du sollst nicht" befreit. Insofern ist es keiner Moral unterworfen. Zugleich unterwirft es niemand anderen seiner Moral, weil es keine Moral hat. Es teilt den anderen aus der Fülle seiner Weisheit mit, wie Zarathustra: er verschenkt von seinem Wissen, aber er „erzieht" nicht. Das bedeutet, daß der vornehme Mensch seine Macht und seinen Einfluß ohne Prinzipien ausübt. Er versucht auch nicht, die anderen zur Anerkennung irgendwelcher Prinzipien, Ziele oder Ideale zu bringen. Vielmehr steht er für sich selbst. Er folgt seinem eigenen Stern und verpflichtet sich darauf, er selbst zu werden. Das Versprechen des vornehmen Menschen gilt in erster Linie der Treue zu seinem eigenen Geschick. Das Sich-selbst-gerecht-Werden und damit dem Anspruch der eigenen Freiheit zu genügen fungiert als Maßstab für sein Gewissen. Darin realisiert sich seine individuelle Lebensführung.

Der vornehme Mensch ist kontingent. Er ist unbestimmt, denn es gibt nichts Äußeres, das ihn bestimmen könnte. Wer er ist und wird, hängt allein von ihm ab. In den *Nachgelassenen Fragmenten* heißt es: „Es fehlt ein Wesen, das dafür verantwortlich gemacht werden könnte, daß Jemand überhaupt da ist, daß Jemand so und so ist, daß Jemand unter diesen Umständen, in dieser Umgebung geboren ist . – *Es ist ein großes Labsal, daß solch ein Wesen fehlt* ... [...] Es fehlt jeder Ort, jeder Zweck, jeder Sinn, wohin wir unser Sein, unser So-und-so-sein abwälzen könnten".[5] Der vornehme Mensch ist sich dessen bewußt, daß er die Verantwortung für sein individuelles Werden auf keine transzendente Macht abschieben kann. Damit geht zugleich das Bewußtsein einher, daß es keinen fixen Standpunkt *außerhalb* der Welt gibt, von dem her dieses individuelle Werden beurteilt oder bewertet werden könnte. Es gibt nur das Ganze des jeweils eigenen Lebens und die vollständige Bindung daran. Im „Ja" zum eigenen Leben und zu der Verantwortung dafür realisiert sich die Wahrheit für eine Person.

---

5 Vgl. Nietzsche 1988b, S. 426.

Nietzsche führt hier mithin einen neuen Begriff von Wahrheit ein. Genauer gesagt, er trennt die theoretisch gerechtfertigte, ganze Wahrheit, die für alle gelten soll, von der individuellen Wahrheit für eine einzige praktische Lebensführung. Die Trennung der theoretischen von der praktischen Vernunft hat bereits Kant durchgeführt. Aber Kants praktische Wahrheit – das Sittengesetz als Faktum der Vernunft – ist universell. Es gilt der Menschheit in mir. Nietzsches perspektivische praktische Wahrheit gilt demgegenüber nur für eine einzige Person. Indessen ist Nietzsche hierin nicht völlig konsequent. Mitunter ist die Wahrheit dieser einen Person wiederum *die* ganze alte Wahrheit für die ganze Welt. So unterteilt Nietzsche die Geschichte in die Geschichte vor der Aufklärung über die christliche „Sklavenmoral" und in die Zeit danach. Wer darüber aufklärt – Nietzsche selbst – steht nicht nur für sich selbst, sondern für einen historischen Augenblick.[6] Die Wahrheit einer Persönlichkeit – Nietzsches Wahrheit – erscheint nun als die historische Wahrheit des „welthistorischen Subjekts". Aber absoluter Perspektivismus und das welthistorische Subjekt schließen sich aus. In diesem Widerspruch äußert sich die Spannung zwischen dem überzeitlichen Anspruch von Nietzsches Ethik und der historischen Bedeutung, die er ihr zuerkennt.[7]

Praktische Wahrheit aber ist Wahrheit für mich. Das souveräne Individuum, das kreativ und aktiv die Wahrheit seines Lebens verwirklicht, ist für Nietzsche der „Glückswurf". Indessen steckt hierin ein schwerwiegendes Problem. Nietzsches Begriff des souveränen Individuums wurde, soweit ich ihn bisher erörtert habe, rein formal bestimmt. Demnach ist jedes Individuum, das sich selbst gemäß lebt, ein solcher glücklicher Wurf. Was aber sind die Inhalte dieses Lebens? Was ist der jeweilige Sinn der Wahrheit für eine Person? Worauf erstreckt sich ihre kreative Aktivität? Die formale Fassung von Nietzsches Persönlichkeitsbegriff erlaubt eine Fülle von substantiellen Bestimmungen. Dann aber könnte auch der radikal Böse in eine solche Persönlichkeitskonzeption einbegriffen werden. Sogar Hitler wäre ein Beispiel – er war kontingent, er realisierte die Wahrheit seines Geschicks, er wurde, der er war.[8] Selbstverständlich ist

---

6 Vgl. Nietzsche 1988a, S. 373.

7 Mit dem „überzeitlichen Anspruch von Nietzsches Ethik" meine ich, daß das Individuum seine praktische Wahrheit nicht aus einem historisch gegebenen Kontext ableitet. Freilich realisiert sich diese Wahrheit im Kontext einer Lebensführung. In diesem Sinne ist sie zugleich von *zeitlicher Zeitlosigkeit*.

8 Vgl. Heller 1995, S. 76.

die Vorstellung abstoßend und empörend, daß Hitler in anspruchsvollen ethischen Begriffen beschrieben werden könnte. Aber aus der Perspektive eines rein formalen Persönlichkeitsbegriffs sind nur schwerlich Einwände dagegen zu machen, auch den Inbegriff des Bösen einzuschließen. Nietzsche hat das gewußt. Darum reichert er mitunter seinen Persönlichkeitsbegriff mit substanziellen Bestimmungen an. In den Fragmenten vom Frühjahr 1888 finden sich einige Hinweise. Zu den „typischen Selbstgestaltungen" des Vornehmen zählt er: Vielschichtigkeit der Persönlichkeit, Gleichgültigkeit gegenüber Glück und Unglück, eine anspruchsvoll-fordernde Haltung gegenüber sich selbst, Klugheit und anderes.[9] In negativer Hinsicht ist Nietzsche noch deutlicher. Das vornehme Individuum ist nicht unwahrhaftig oder unehrlich, es haßt Rachsucht, Eitelkeit und Neid und ist hoch empfindlich gegenüber allen Arten von *Ressentiment*.

Indessen schaut durch diese Bestimmungen Nietzsches ganz persönliche Rangordnung vornehmer Tugenden hindurch, wie sie sich z. B. auch an Zarathustra zeigt. Dann aber markieren diese Bestimmungen die Wahrheit *einer* Person, eben Nietzsches selbst. Sie bezeichnen die „Brücke" zum *Übermenschen*. Aber wie können allgemeine inhaltliche Bestimmungen für das souveräne Individuum gelten, das sich ja gerade durch die Einzigartigkeit seines Werdens auszeichnet? Nietzsches inhaltliche Bestimmungen überladen die Vorstellung vom „Glückswurf". Sie machen den Glückswurf zum *Typus*, in dem das Individuum verschwindet. Die inhaltliche Bestimmung des formalen Begriffs wird im Rahmen einer individuellen Persönlichkeitstheorie widersprüchlich.

Wie kann dann aber das Problem vermieden werden, daß auch der Böse als Persönlichkeit gelten kann? Nietzsche versuchte auch noch auf andere Weise, die Fallstricke eines rein formalen Persönlichkeitsbegriffs zu umgehen. Dies wird insbesondere an dem letzten Hauptstück von *Jenseits von Gut und Böse* deutlich. Dort versucht er wieder einmal, die Frage zu beantworten: „Was ist vornehm?" In den letzten Abschnitten gibt er eine Reihe von Bestimmungen des Vornehmen: dessen Haltung ist antiutilitaristisch, er gibt aus Großzügigkeit, nicht um im Gegenzug etwas dafür zu erhalten, er ist uneitel, aber fähig zur Selbstachtung und zeigt zugleich einen *Instinkt der Ehrfurcht*.[10] Insbesondere daran äußert sich seine Größe und Verfeinerung. Denn indem er für eine andere große und verfeinerte Person Respekt, Achtung und Verehrung spürt, offenbart er

---

9   Vgl. Nietzsche 1988b, S. 474.
10 Vgl. Nietzsche 1993b, S. 217.

seine Urteilskraft, Menschenkenntnis und Fähigkeit zur Differenzierung. Dabei ist es bedeutsam, daß diese Verehrung eine freiwillige, quasi-natürliche Geste ist und nicht durch Autorität und vorgegebene Hierarchie abgenötigt wird. In seinen Notizen vom Frühjahr 1888 fügt Nietzsche weitere Merkmale hinzu: vornehm ist, daß „man sich beständig zu repräsentieren hat. Daß man Lagen sucht, wo man beständig Gebärden nötig hat [...]. Daß man instinktiv für sich schwere Verantwortungen sucht. [...] Daß man der *großen Zahl* nicht durch Worte, sondern durch Handlungen beständig widerspricht."[11]

Die vornehme Person stellt sich selbst dar, indem sie nach einem originären Selbstausdruck und nach eigenen Gesten sucht. Sie repräsentiert nicht einen Stand bzw. bestimmte Merkmale, die dem Angehörigen eines Stands von Geburt an zukommen. Die moderne vornehme Person sucht vielmehr nach Situationen, in denen die individuellen Gesten ihrer symbolischen „Selbstdarstellung" gefordert sind.[12] Das bedeutet zugleich, daß sie sich solche Situationen selbst schafft. Dies geschieht, indem die Person das Richtige im richtigen Augenblick tut, einfach, weil sie um dieses Richtige weiß. Sie hört auf ihre innere Stimme, die ihr sagt, was hier und jetzt zu tun ist. Insofern sind im Tun der vornehmen Person Vernunft und ihre individuelle „Natur" verschmolzen. Die Vernunft der Person ist Ausdruck ihres Instinkts; ihr Instinkt ist vernünftig. Dies ist in der Tat ein Glückswurf. In diesem zeigt sich eine Harmonie von äußeren Anforderungen und innerem Entsprechen-Können. Das Wollen und Handeln des Vornehmen erscheinen in den ihm angemessenen Formen. In diesem Sinn ist die individuelle ethische Lebensführung des vornehmen Menschen ästhetisch. Dieser Mensch und sein Leben sind nach dem Vorbild des modernen Kunstwerks modelliert.[13] Das moderne Kunstwerk widerspricht durch sein bloßes So-Sein allem, was um es herum ist. Denn es ist unvermutet, neu und einzigartig. Es ist dieses Werk durch sein individuelles Formgesetz. Dadurch repräsentiert es sich selbst.

Aber kann die Schwierigkeit eines formalen Persönlichkeitsbegriffs durch die Modellierung des vornehmen Menschen nach dem Vorbild des Kunstwerks umgangen werden? Mir scheint, daß auch die *ästhetisch-ethische* Bestimmung des Vornehmen den Bösen nicht ausschließt. Hitler

---

11 Vgl. Nietzsche 1988b, S. 474 f.
12 In ähnlicher Weise bestimmt H. Zdarzil in seinen anthropologischen Reflexionen das Phänomen der „Selbstdarstellung". Vgl. Zdarzil 1978, S. 56 ff.
13 Vgl. Heller 1995, S. 81 f.

machte fortwährend repräsentative Gesten und brachte einzigartiges Grauen in die Welt. Nietzsches ästhetische Maßstäbe geben nicht zugleich einen ethischen Maßstab zur Beurteilung der Lebensführung des „souveränen Individuums" ab. Die ästhetischen Maßstäbe sind für sich allein nicht hinreichend – es fehlt ein genuin moralisches Kriterium für die Unterscheidung der ästhetisch-ethischen Person von der bösen. Ein solches Kriterium aber bezieht zwangsläufig die Perspektive der anderen Person mit ein. Es berücksichtigt den *Anderen*.

II.

Der Andere kommt in Nietzsches Konzeption des vornehmen Menschen nicht vor. Dies ist in doppelter Hinsicht problematisch. Zum einen: Nietzsches vornehmes Individuum hat ästhetischen und ethischen Geschmack. Der Böse, der banausische Mensch, widert es an. Schlechte Umgangsformen, unwürdiges Betragen beleidigen seinen ethischen ebenso wie seinen ästhetischen Geschmack. Mit der Verschmelzung von ethischem und ästhetischem Geschmack berücksichtigt Nietzsche, daß auch die gute Handlung gewinnt, wenn sie mit Charme getan wird. Das gute Handeln erhält durch das Schöne eine sublime Dimension. Ob eine Handlung gut war oder sogar auf eine ästhetische Weise gut, beurteilt der ethische Geschmack. Ebenso wie der ästhetische Geschmack *bildet sich* dieser ethische Geschmack zugleich im Zuge solcher Urteilsprozesse. Um ästhetischen Geschmack zu bilden, müssen wir mit schönen und häßlichen Gegenständen konfrontiert sein. Um ethisch urteilen zu lernen, müssen wir fragen lernen, was an dem, wie Menschen handeln, gut ist.

Für Kant ist klar, daß der ästhetische Geschmack das Urteil der anderen imaginiert, ohne davon abhängig zu sein. Nur das Genie entwickelt die Regeln seines Urteils aus seiner eigenen Natur. Erst recht aber setzt die Bildung des ethischen Geschmacks den Anderen voraus. Dabei geht es nicht um Nachahmung des Anderen, sondern darum, daß das Handeln des Anderen den eigenen ethischen Urteilsprozeß vornehmlich provoziert. Nietzsches vornehmer Mensch erzeugt seinen ästhetisch-ethischen Geschmack demgegenüber völlig aus seinem eigenen Instinkt. Er ist aktiv, nicht reaktiv, er holt alles aus seinem eigenen Innern und erschafft seinen eigenen Geschmack. Aber auch hier gilt Kants Gedanke: nur für ein ethisches Genie verschmelzen ethische Gebote und seine eigene Natur; nur ein ethisches Genie würde von sich aus das wollen, was es sollte. Nietzsche entwickelt keinen Begriff von der *Genese* des ethischen Urteils.

Zum anderen: In Nietzsches Konzeption des vornehmen Menschen hat der Andere deshalb keinen Platz, weil der Vornehme diesen Anderen nicht braucht. Damit setzt Nietzsches Philosophie des souveränen Individuums tatsächlich dessen vollständige Autonomie voraus. An die Stelle eines transzendent gesicherten Telos ist der individuelle Wille zur Macht getreten,. das heißt, der unbedingte Wille, über Möglichkeiten der eigenen Perfektionierung verfügen zu können. Dies ist der ausschließliche Zweck des vornehmen Menschen, das „*andre 'Eine Ziel'*", „das *Gegenstück* zu diesem geschlossenen System von Wille, Ziel und Interpretation".[14] Das in sich geschlossene eine Ziel des gerundeten christlichen Sinnhorizonts hatte das Leiden gerechtfertigt. Es hatte den Sinn des Leidens ausgemacht. Es hatte dazu motiviert, dem „asketischen Ideal" nachzustreben, um dereinst erlöst zu werden. Demgegenüber ist das Leiden des autonomen Menschen, dessen *eines* Ziel die Selbstvervollkommnung ist, durch sich selbst gerechtfertigt. Leiden hat Bedeutung, weil es das Leiden *dieses* Individuums ist. Wenn jedoch in dem einsamen Gewissen des Vornehmen nichts enthalten ist außer dem Willen zur Selbstvervollkommnung, die das eigene Leiden rechtfertigt, dann gibt es keine Moralität. Nietzsches Philosophie *ist* immoralisch. In ihr kommt nur das jeweils eigene Leiden vor.

Gegenüber einer solchen Konzeption hat Helmut Peukert kürzlich in seinem Beitrag „Unbedingte Verantwortung für den Anderen" mit Lévinas an die bildungstheoretische Bedeutung der Frage nach dem Leiden des Anderen erinnert. Der Andere, so faßt Peukert Lévinas' Überlegungen zusammen, bricht kraft der ungeheuren Präsenz seines Leidens in unsere Gegenwart ein. Er *erscheint* nicht in unserem Horizont, sondern er *durchbricht* unsere Perspektive. Denn der Horizont ist der Gesichtskreis, dessen Mittelpunkt das jeweilige Individuum bildet, das sich innerhalb dieses Horizonts bewegt. Das Individuum versteht nach Maßgabe seines Gesichtskreises, der Aufmerksamkeitsrichtungen eröffnen kann, aber auch einschränken kann. Den Anderen innerhalb der eigenen Perspektive zu denken hieße, so Peukert, ihn von unseren eigenen Prämissen her aufzufassen und ihn „anzueignen". Ein Gespräch mit dem Anderen, bei dem dieser der Andere bliebe, wäre unter dieser Voraussetzung nicht denkbar. Demgegenüber aber ist der Andere in seinem Blick auf dich präsent – als

---

14 Vgl. Nietzsche 1993c, S. 396.

dieser Andere. Wie Peukert formuliert: „Der Anspruch des Anderen durchschlägt meine Konstruktionen der Wirklichkeit und meines Selbst."[15]

Ich teile Peukerts Vorbehalt gegenüber der radikalen Konzeption der Verantwortung für den Anderen, wie sie in Dostojewskis Satz, den Lévinas gerne zitiert, deutlich wird: „Ein jeder von uns ist verantwortlich für alles und alle, und ich selbst mehr als jeder andere".[16] Dieser Anspruch provoziert, weil er der Überlegung radikal entgegensteht, die viele von uns teilen: nämlich daß Verantwortung mit freier und bewußter Entscheidung zu tun hat, daß wir Verantwortung *übernehmen*. Man muß indessen der Philosophie von Lévinas nicht in ihrer Radikalität folgen, um die Anerkennung des Anderen als eines Transzendenten, den eigenen Horizont Übersteigenden geltend zu machen. Der Andere ist für Lévinas immer schon da – und er beansprucht immer schon unsere Antwort auf seine vorgängige Freiheit. Nietzsche könnte diese Herausforderung durch den Anderen nicht akzeptieren, weil sie in seinen Augen die Autonomie des Vornehmen tangiert. Indessen ist es die Frage, ob die Autonomie des souveränen Individuums *absolute* Autonomie sein muß. Reicht für die Konzeption des originellen, freien und kreativen Individuums nicht die Vorstellung von einer *relativen* Autonomie? Dies ist die Freiheit, von der Hannah Arendt spricht, wenn sie betont, daß Menschen in der Mehrzahl existieren.[17] Freiheit ist für Arendt nicht absolut, denn sie ist in der Pluralität fundiert. Der Preis für Nietzsches Konzeption radikaler Autonomie scheint mir jedenfalls zu hoch zu sein. Denn ob sich der Andere in der Form des moralischen Gesetzes oder als der Leidende eine Stimme verschafft – ohne die Anerkennung des Anderen gibt es weder Moralität noch eine interaktive erzieherische Beziehung. Demgegenüber können in einer Konzeption *relativer* menschlicher Autonomie Nietzsches Gedanke von der einzigartigen individuellen Sinngebung des souveränen Menschen und der Gedanke des Anderen aufeinander bezogen werden.

---

15 Peukert 1995, S. 239.
16 Zit. nach Peukert 1995, S. 243. Die Zumutung dieser Konzeption ist in dem Gedanken zugespitzt, daß das Gesicht des Anderen auch von „Bosheit" und von „verfolgendem Haß" gekennzeichnet sein kann.
17 Vgl. Arendt 1989.

III.

Nietzsche vergegenwärtigt auf radikale Weise die Problematik, daß das moderne Individuum ohne vorgegebenes Telos etwas aus sich selbst machen soll. Das macht trotz der erwähnten Vorbehalte die bildungstheoretische Bedeutung seines Persönlichkeitskonzepts aus. Indessen scheint mir, daß sich die Bedeutung seiner Konzeption darin noch nicht erschöpft. Dies möchte ich in einer erneuten Reflexion auf Peukerts These verdeutlichen, die Konstruktion des Selbst und der eigenen Wirklichkeit geschehe zunächst ohne den Anderen.[18] Denn Peukert geht davon aus, der Andere sei jemand, der *von außen* die Konstruktion meines Selbst durchbreche. Also hätte ich mein Selbst immer schon ohne Rücksicht auf den Anderen konstruiert? Also wäre jede Konstruktion meiner Wirklichkeit ohne Moral?

An dieser Stelle scheint mir eine Differenzierung in mindestens zwei verschiedene Persönlichkeitskonzepte angebracht. Zarathustra entwirft sich ohne Rücksicht auf den Anderen. Selbst sein Mitleid ist nicht Empathie, sondern leicht verächtliche Nachsicht mit den Schwächen des Anderen. Er ist unendlich überlegen und unendlich fern. In diesem Sinn verkörpert Zarathustra die einzigartige Persönlichkeit, die ohne den Anderen sie selbst geworden ist: „ich lebe in meinem eigenen Lichte [...]. Ich kenne das Glück des Nehmenden nicht [...]. Das ist meine Armut, daß meine Hand niemals ausruht vom Schenken".[19] Zarathustra hat sich als den Erleuchteten, als den Schenkenden selbst erschaffen. Und in der Verausgabung seiner Weisheit erschafft er sich beständig fort. Diese Selbsterschaffung als differente Persönlichkeit markiert die oberste Prämisse seines Handelns. Er wird von seinem eigenen, selbstgewählten Geschick, ein Weiser und Schenkender zu sein, buchstäblich gezogen. In der Erfüllung des eigenen Geschicks ruht sein Glück. Dieses Glück ist vom Alltagsglück gewöhnlicher Sterblicher unterschieden. Zu Zarathustras Glück gehört sein Leiden. Es tut ihm weh, seine „Jünger" zu verlassen, er leidet an seiner Einsamkeit. Und zugleich ist es genau diese Einsamkeit, die er für seine schöpferische Existenz braucht. Auch wenn er in der Einsamkeit

---

18 Ich übergehe an dieser Stelle die Unstimmigkeit, daß Peukert einerseits die Konstruktion eines Selbst ohne den anderen voraussetzt und andererseits mit Lévinas den vorgängigen Anspruch des Anderen an mich behauptet.

19 Vgl. Nietzsche 1993a, S. 136.

das tut, was ihm am liebsten ist, hat seine Tätigkeit etwas von Selbstopferung. Indem er sich selbst erschafft, gibt er sich seinem Werk hin.

Zarathustra lebt in seinem eigenen Licht, ohne auf die Folgen seines Denkens und Handelns für andere Rücksicht zu nehmen. *Er konstruiert sein Selbst ohne den Anderen.* Ich frage jetzt nicht, wie so etwas überhaupt möglich sein soll. Denn Zarathustra ist keine menschliche Person, sondern eine philosophische Fiktion. Aber sicherlich gibt es Personen, für die ihre eigene Selbsterschaffung weitaus bedeutungsvoller ist als Rücksicht auf den Anderen. Und Nietzsche wendet sich gegen die Vorstellung, daß hierüber moralisiert werden dürfte. Sein Argument ist vielmehr: Der Autor eines Werks kann darin *verdienstvoll* sein, daß er anderen gibt, was Teil seiner eigenen Selbsterschaffung war. Damit ist er zwar nicht in moralischer Hinsicht gerechtfertigt (denn er hat sein Werk nicht um des Anderen willen geschaffen und möglicherweise sogar auf Kosten Anderer). Aber durch dieses Werk trägt er doch dazu bei, daß Andere ihr Leben auf anständigere, sublimere oder bedeutungsvollere Weise führen können. Sein Werk ist ein „Geschenk" an unbekannte Andere.

Mit Nietzsche wende ich mich nun gegen die Vorstellung, daß nicht nur für Zarathustra, sondern für *jedes Selbst* der Andere von außen kommt. Kant hat das Modell einer Persönlichkeit entworfen, zu deren Selbstverständnis die Teilnahme am Anderen wesentlich hinzugehört. Mit der Anerkennung des kategorischen Imperativs wird der Andere in der Reflexion der eigenen Maximen berücksichtigt. Eine Person, die den kategorischen Imperativ anerkennt, hat den Sprung zur Moralität vollzogen. Wie Kant in seiner *Anthropologie* ausführt, ist dieser Sprung ein existentielles Geschehen, das nur mehr in Metaphern beschrieben werden kann. Er spricht von einer „Explosion", einer „Revolution", einer „Wiedergeburt", durch die ein moralischer Charakter gegründet wird.[20] Anders als für die *Person der differenten Selbsterschaffung* ist für die *Person des moralischen Charakters* die Anerkennung von etwas Universellem in den eigenen Selbstentwurf integriert. Dieses Universelle ist durch die Anerkennung des Anderen, seiner Verletzlichkeit, seiner Würde bezeichnet. Ob die „Konstruktion meines Selbst" den Anderen einschließt oder nicht, hängt von meinem Selbstentwurf ab: nämlich ob ich mich im Hinblick auf Differenz oder im Hinblick auf Moralität selbst wähle.

Für eine Person, die in sich einen moralischen Charakter im Sinne Kants begründet hat, *bestimmt* Moralität das selbstgewählte Zentrum der

---

20 Vgl. Kant 1977, A 270 f./B 268 f.

Person. Was immer die anderen Zwecke im Leben dieser Person sein mögen – sie können widerrufen werden, ohne daß die Person existentiellen Schaden nimmt. Denn die Kontinuität ihres Charakters wurde durch den moralischen Sprung begründet. Eine Person, die diesen Sprung einmal getan hat, würde sich selbst verlieren, wenn sie in irgendeiner moralisch relevanten Situation darauf verzichtete, zwischen gut und böse zu wählen.

Doch für die Person, die sich – wie Zarathustra – als differente Persönlichkeit gewählt hat, ist das eigene Geschick, ist sie selbst dieser eine notwendige Zweck. Es gibt dann nur eine Spur, der dieses Individuum folgt, nur eine Leidenschaft, nur eine Möglichkeit. Wie Nietzsche schreibt: „Ich habe nie eine Wahl gehabt."[21] Die Wahl der eigenen differenten Berufung ist ebenso existentiell wie die moralische Selbstwahl. Für ein solches differentes Individuum wären alle Ideen, Normen oder Werte, die es anerkennen lernen sollte, ein äußerer Zwang. Seine schönen Eigenschaften, z. B. seine Großzügigkeit und Offenherzigkeit, entwickelt Zarathustra gerade, indem er *sich selbst werden läßt*. Er wird nicht umgekehrt er selbst, nachdem er zuvor das Sittengesetz oder die Idee des Guten anerkannt hat.

Ich möchte hier nicht die Apologie der freien, schönen, kreativen Persönlichkeit vortragen, die außergewöhnlich wird, indem sie ihre je einzigartigen Fähigkeiten bildet. Mir kam es darauf an, die Fallstricke und Dilemmata eines solchen Konzepts aufzuzeigen. Ein Persönlichkeitskonzept, das alle äußeren Normen, Verpflichtungen und Verbote überflüssig macht, erscheint am Ende des 20. Jahrhunderts eher als gefährliche Illusion. Denn die geschichtlichen Erfahrungen unseres Jahrhunderts legen Vorsicht gegenüber Konzepten nah, die Sittlichkeit und Moralität ersetzen wollen – nämlich durch ein zu kreativen und autonomen Persönlichkeiten passendes bildungstheoretisches Konzept. Und doch bleibt ein solches Konzept eine Art von regulativer Idee. Das heißt nicht, daß diese Idee für alle Individuen gelten könnte. Kants Individuum, das moralische Stützen braucht, und Nietzsches autonomes Individuum stehen für unterschiedliche Persönlichkeitskonzepte. Möglicherweise berühren sie einander gar nicht, sondern können nebeneinander existieren.

Die Selbstwahl als differente oder als moralische Persönlichkeit ist unabnehmbar. Überhaupt nicht zu wählen, würde bedeuten, andere für sich entscheiden zu lassen und auf Selbstbestimmung zu verzichten. Die Person bliebe kontingent. Wenn es aber so ist, daß moderne Personen mindestens diese beiden verschiedenen Arten der Selbstwahl treffen können,

---

21 Vgl. Nietzsche 1988a, S. 339.

dann stellt sich die bildungstheoretische Frage nach dem Zweck der Erziehung noch einmal anders. Der Erzieher hat die Frage der Selbstwahl nicht stellvertretend zu entscheiden. Damit aber ergibt sich das Problem, ob noch *ein einziges notwendiges* Ziel der Erziehung bestimmt werden kann, wie Herbart meint. Dieses Ziel besteht für ihn bekanntlich darin, „daß die Ideen des Rechten und Guten [...] die eigentlichen Gegenstände des Willens werden, daß ihnen gemäß sich der innerste Gehalt des Charakters, der tiefe Kern der Persönlichkeit bestimme mit Hintansetzung aller anderen Willkür".[22] Und die entsprechende erziehungstheoretische Systematik entfaltet er in den Regeln der Zucht und in ihrer Wechselwirkung mit dem erziehenden Unterricht. Nietzsches Überlegungen stellen eine solche bildungstheoretische und erziehungstheoretische Konzeption in Frage. Denn der Erzieher hat die Frage der Selbstwahl nicht stellvertretend zu entscheiden. Damit aber – und das ist mein Fazit – scheint es mir nicht mehr möglich zu sein, noch *ein einziges notwendiges* Ziel der Erziehung und *eine darauf bezogene Systematik* des Lehrens und Lernens zu bestimmen.

Literatur

Arendt, Hannah, 1989, *Vom Leben des Geistes*, Bd. 1: *Das Denken*, München/Zürich

Heller, Agnes, 1995, *An Ethics of Personality*, Oxford/Cambridge

Herbart, J. F., 1982, „Allgemeine Pädagogik aus dem Zweck der Erziehung abgeleitet", in: ders., *Pädagogische Schriften*, Bd. 2, hg. v. W. Asmus, Stuttgart

Kant, Immanuel, 1977, *Anthropologie in pragmatischer Hinsicht*, in: *Werkausgabe*, Bd. 12, hg. v. W. Weischedel, Frankfurt/M.

Nietzsche, Friedrich, 1988a, *Ecce homo*, in: ders., *Kritische Studienausgabe*, Bd. 6, hg. v. Colli, G./Montinari, M., München u. a.

Nietzsche, Friedrich, 1988b, *Nachgelassene Fragmente*, in: ders., *Kritische Studienausgabe*, Bd. 13, hg. v. Colli, G./Montinari, M., München u. a.

Nietzsche, Friedrich, 1993a, *Also sprach Zarathustra*, in: ders., *Kritische Studienausgabe*, Bd. 4, hg. v. Colli, G./Montinari, M., München u. a.

Nietzsche, Friedrich, 1993b, *Jenseits von Gut und Böse*, in: ders., *Kritische Studienausgabe*, Bd. 5, hg. v. Colli, G./Montinari, M., München u. a.

---

22 Vgl. Herbart 1982, S. 43.

Nietzsche, Friedrich, 1993c, *Zur Genealogie der Moral*, in: ders., *Kritische Studienausgabe*, Bd. 5, hg. v. Colli, G./Montinari, M., München u. a.

Peukert, Helmut, 1995, „Unbedingte Verantwortung für den Anderen. Der Holocaust und das Denken von Émmanuel Lévinas", in: Schreier, H./Heyl, M. (Hg.), *„Daß Auschwitz nicht noch einmal sei ..."*. *Zur Erziehung nach Auschwitz*, Hamburg, S. 233-246

Schäfer, Alfred, 1996, *Das Bildungsproblem nach der humanistischen Illusion*, Weinheim

Zdarzil, Herbert, ²1978, *Pädagogische Anthropologie*, München

Bärbel Frischmann

Gedanken zur bildungstheoretischen Bedeutung der Existenzphilosophie

Bildungstheorie ist von je her eng mit Philosophie verknüpft. Und die Philosophie, so sie Voraussetzungen und Möglichkeiten des menschlichen Daseins und Wirkens bedenkt, hat immer spezifische, für die Bildungstheorie relevante Implikationen. Als Schnittstelle zwischen Philosophie und Bildungstheorie kann die Frage nach der Bestimmung des Menschen ausgemacht werden.

Im folgenden möchte ich einige Gedanken zur Bedeutung der Philosophie für die Bildungstheorie am Beispiel der Existenzphilosophie darstellen. Dazu werde ich

– zunächst kurz eingehen auf den Zusammenhang von Bildungs- und Subjektbegriff,
– dann anhand Heideggers *Sein und Zeit* und Sartres *Das Sein und das Nichts* in den Denkansatz der Existenzphilosophie als einer bestimmten Entwicklungslinie von Subjektphilosophie einführen[1]
– und abschließend einiges über die bildungstheoretische Relevanz dieses Konzeptes sagen.

I. Bildung und Subjekt

Die Bildungstheorie der Moderne erwächst veränderten sozialen, politischen, ökonomischen, kulturellen und geistigen Bedingungen in der Ausprägung des bürgerlichen Zeitalters. Hier können nur Tendenzen der neuzeitlichen Entwicklung angedeutet werden:

---

1 Die folgenden Ausführungen zu Heidegger und Sartre versuchen, die Spezifik des existenzphilosophischen Ansatzes herauszuarbeiten. Spätere philosophische Entwicklungen beider Denker sind hierbei nicht berücksichtigt. – *Sein und Zeit* wird im folgenden zitiert als *SuZ*, *Das Sein und das Nichts* als *SuN*.

- das Zurücktreten der Religion als normgebender und sinnstiftender Instanz,
- die Verwissenschaftlichung der Welt- und Selbstbeschreibungen,
- die Auflösung der Ständegesellschaft und formalrechtliche Gleichstellung aller Menschen,
- der Verzicht auf teleologische Erklärungen und damit aufkommendes Kontingenzdenken,
- die Neuorientierung hinsichtlich der Vorstellungen menschlichen Zusammenlebens und der dabei in Geltung zu setzenden Normen (Gerechtigkeit, Freiheit, Gleichheit, Selbstbestimmung),
- veränderte Auffassungen von der Funktion des Staates und den Inhalten von Politik,
- gewandelte Vorstellungen von Pädagogik und Neustrukturierung der Bildungsinstitutionen,
- zunehmende Individualisierung und Autonomisierung der Auffassungen vom Menschen.

Das Selbstbild des Menschen im sich konsolidierenden bürgerlichen Zeitalter ist verdichtet im Begriff des „Subjekts"[2]. Subjektsein heißt, als vernünftiges, autonomes Wesen sich die Regeln seines Denkens und seines Handelns *selbst* zu geben und darauf zu reflektieren. Das Präfix *Selbst*-charakterisiert die Merkmale des Subjekts, wie sie in Selbstbewußtsein, Selbstbestimmung, Selbsttätigkeit, Selbstbildung, Selbstzweck, Selbstgefühl und Selbstreflexion offenkundig werden. In der Freisetzung von absolutistischen und klerikalen Zwängen und Machtstrukturen, von tradierten Weltbildern und Denkgewohnheiten übernimmt der Einzelne jetzt selbst die Bestimmung seines Denkens und Handelns und zwar kraft seiner eigenen Vernunft. Im Vernunftbegriff laufen alle Bestimmungen des Menschen, die durch seine Selbst-haftigkeit charakterisiert sind, zusammen. Vernunft wiederum ist ausgezeichnet durch Rationalität, Spontaneität, Autonomie und Einheit. Vernunft gibt die Regeln des Denkens (Erkenntnis) und des Handelns (Ethik). Vernunft synthetisiert alles Wissen, Glauben, Fühlen zu einer Einheit. Vernunft verbürgt die Chance zur Rea-

---

2 Begriffe wie *Subjekt* und *Bildung* sind Verallgemeinerungen, um grobe Orientierungen zu ermöglichen, die dabei immer aber auch eine Problemverkürzung darstellen. Sie sind stets eingebunden in konkrete philosophische und bildungstheoretische Konzepte, in denen und aus denen sie ihre jeweiligen Konnotationen erhalten. Wenn ich also von Subjekt und Bildung spreche, dann um einen allgemeinen terminologischen und inhaltlichen Rahmen der weiteren Ausführungen zu umreißen.

lisierung der Hoffnungen auf eine bessere, gerechtere Gesellschaft und der Höherbildung der Menschheit. Das semantische Feld, das den Subjektbegriff mit Begriffen wie Vernunft, Autonomie, Freiheit, Selbstbestimmung, Rationalität und Einheit des Ich umreißt, konturiert auch den Bildungsbegriff. Im Bildungsbegriff geht es wesentlich um die Problematik der Subjektkonstitution. Umgekehrt impliziert dieser Zusammenhang, daß Subjektphilosophie immer auch schon bildungstheoretisch ausgerichtet bzw. auf den Bildungsbegriff hin zu verlängern ist.

Bildung in diesem Sinne besteht darin, den Menschen als Subjekt zur Entfaltung zu bringen, nämlich ihn zu Selbstbestimmung und Selbsttätigkeit zu befähigen. Bildung sichert nicht mehr einfach nur das Einfügen in einen vorgegebenen lebensweltlichen und politischen Kontext, die Tradierung einer soziale Rolle, das Erlernen präskribierter Kenntnisse und Werte. Sondern sie dient nun dazu, den als frei und autonom verstandenen Menschen dazu zu befähigen, diese Freiheit und Autonomie auszubilden, zu bewähren und in den gesellschaftlichen Kontext produktiv einzubringen. Eingebettet bleibt diese Autonomieforderung des Einzelnen in die Vorstellung einer humanen, gerechten, die Entwicklung jedes Menschen befördernden Gesellschaft. Bildung fungiert nicht nur als Medium, in dem sich die verschiedenen Wesenskräfte jedes Einzelnen entfalten, sondern auch als Vermittlungsinstanz zwischen dem Einzelnen und der Gesellschaft. Die Versuche, Subjektivität und Bildung zu begreifen und begrifflich zu fassen, stoßen jedoch auf entscheidende theoretische Schwierigkeiten, die sowohl in der Philosophie als auch in der Bildungstheorie ausgetragen werden.

Dies betrifft a) den Zusammenhang von Individualität und Sozialität, Individuum und Gesellschaft. Zugleich steht b) das Problem, wie autonome Selbstbestimmung zu denken ist, wenn sich der Mensch immer schon in-einer-Welt befindet.

Zu a) Der Subjektbegriff selbst ist von Anfang an durch seine zweifache Blickrichtung ambivalent. Subjektivität impliziert einerseits allgemeine, intersubjektive Bestimmungen, die jedem Menschen sollen zukommen können, andererseits steht Subjektivität jedoch auch für Individualität, Besonderheit und Unverwechselbarkeit.

Allgemeine Wesensmerkmale des Menschen als Subjekt sind Vernunft und Autonomie bzw. Freiheit. Vernunft ist das entscheidende Gattungsmerkmal. Sie verbürgt nicht nur die Möglichkeit, die Welt zu erkennen, sondern auch, das menschliche Zusammenleben im Interesse aller zu gestalten. In den Subjektbegriff gehen also die Ideale und Hoffnungen auf eine vernünftige, humane, gerechte Gesellschaft ein. Nur aufgrund der allgemeinen Konstitution des Menschen als Vernunft-Subjekt ist die Realisierung der bürgerlichen Utopie als intersubjektiver Akt überhaupt vorstellbar.

Andererseits ist jedes Subjekt auch ein einmaliges Individuum mit spezifischem Aussehen und Charakter, mit eigenen Lebensvorstellungen, Wünschen und Hoffnungen. Die Geltendmachung von Individualität wird mit Rousseau, Fichte und der Frühromantik, in deren Umfeld auch Humboldts, Herbarts und Schleiermachers Bildungstheorien entstehen, zu einem Höhepunkt gebracht. Nicht die Vorstellung vom Menschen als einem Individuum ist das Neue dieser Entwicklung, sondern die zunehmende Ablösung des Individuums von einem übergreifenden Sinnhorizont. Das Denken von Individualität wird zu einem schwierigen Problem der geistigen Bewegungen etwa seit dem Ausgang des 18. Jahrhunderts. Der Verzicht auf Einbettung des Individuums in einen Kontext, aus dem dieses seine Bestimmung erhält (wie dies beispielsweise noch für die göttlich prästabilierte Harmonie der Monaden bei Leibniz gilt), macht es erforderlich, Individualität theoretisch so zu fassen, daß einerseits ihre Unergründbarkeit und damit ihre Spontaneität und schöpferische Kraft hervorgehoben, andererseits aber die Möglichkeit vernünftiger Sozialität nicht aus den Augen verloren wird.

Zu b) Die Definition des Subjekts als sich selbst bestimmendes Wesen bedeutet in ihrer Konsequenz die Atomisierung des Individuums, seine Herauslösung aus seinen innerweltlichen Bezügen. Das Subjekt soll zwar frei sein, um sich selbst aus sich selbst zu formen. Es soll sich selbst bilden, selbst entwerfen, selbst erschaffen, selbst definieren. Der Mensch ist freigesetzt von allen Femdbestimmungen, von jeglicher empirischen oder deduktiv hergeleiteten Definition durch Wesensmerkmale. Er ist nur das, wozu er sich selbst bestimmt. Freiheit soll zwar gelten, aber dennoch nicht absolut. Denn wenn er durch nichts außer sich bestimmt ist, woher nimmt er dann die Kriterien, die Anlässe, die Ideen seines Selbstbildes und seiner Selbstbestimmung? Die theoretische Fassung des Subjekts in seiner Selbstbestimmung führt in Paradoxien. Sie gründen subjektbezogen darin, daß der Mensch seiner Freiheit nie mächtig sein wird. Sie gründen objektbezogen darin, daß Selbstbestimmung immer situativ und welthaft ist. Wenn er sich selbst bestimmt, ist er aber nicht mehr vollkommen frei, sondern seinem eigenen Lebensentwurf untergeordnet: „Das Selbst, das als solches den Grund seiner selbst zu legen hat, kann dessen *nie* mächtig werden und hat doch existierend das Grundsein zu übernehmen." (*SuZ*, 284)

Diese paradoxal anmutende Konstellation gehört wesentlich zum Begreifen von Freiheit und von Bildung. Das Ich bildet sich nur an anderem und mit anderen, es bildet dabei aber immer sich selbst. Erst die spannungsvolle Einheit von Gesellschaft und Individualität, von Weltgebundenheit und Selbstbestimmung öffnet einen Zugang zur Problematik von Bildung, geht es hier doch um die Beschreibung der Möglichkeiten zur Entfaltung des Menschen in gegebenen Kontexten, unter bestimmten immer schon vorgegebenen Bedingungen und in Auseinandersetzung mit anderen. Das Individuum ist demnach immer durch äußere Umstände bedingt. Aber es geht darin nicht auf, sondern es geht jeweils auch darüber hinaus, erschafft sich selbst und verändert dabei zugleich die Umstände.

Solche Paradoxien spiegeln sich in zentralen Fragen der Bildungstheorie wieder: Wie ist der Mensch zugleich als Gattungswesen und als Individuum zu begreifen? In welcher Beziehung stehen Individuum und Gesellschaft? Wie läßt sich die Bestimmung des Menschen offenhalten und eine nichtteleologische und nichtaffirmative Bildung denken und realisieren, obgleich pädagogisch auf jeden heranwachsenden Menschen eingewirkt wird? Was heißt, dazu bestimmt zu werden, sich selbst zu bestimmen?

Philosophie und Bildungstheorie seit dem Ende des 18. Jahrhunderts haben in verschiedenen konzeptionellen Ansätzen diese Fragen erörtert und auf den Begriff zu bringen versucht. Sie verbinden sich letztlich mit der Auffassung von Freiheit als Grundbestimmung des Subjekts.

Die hier beschriebene Zeit der Aufklärung und der deutschen Klassik ist durch den bürgerlichen Optimismus geprägt, daß es möglich sei, eine humane, freiheitliche, gerechte Gesellschaft zu schaffen, die jedem Individuum bestmögliche Bedingungen zur Entfaltung seiner Fähigkeiten bietet. Dieser Optimismus wurde in dem Maße erschüttert, als die destruktiven Züge der bürgerlichen Gesellschaft immer deutlicher hervortraten. Damit geraten auch die zentralen Leitvorstellungen und Leitbegriffe jener Zeit, nämlich Subjekt bzw. Vernunft und Bildung, in die Kritik. Die seit der Romantik einsetzende und über Nietzsche, die Lebens- und Existenzphilosophie, die Kritische Theorie bis hin zur Postmoderne reichenden Angriffe auf die Subjektphilosophie schlagen durch auf den klassischen Bildungsbegriff.

Diese Angriffe richten sich vor allem auf die Bindung der Subjektphilosophie an den Vernunftbegriff und werden in zwei Richtungen geführt.[3] Zum einen wird der Vernunft die Repression aller „niederen" Seiten des Menschseins vorgeworfen (wie Leiblichkeit, Gefühl, Sinnlichkeit, Erfahrung). Zum zweiten richten sich die Angriffe auf die Vernunft gegen die Hervorbringung zerstörerischer Rationalität (die schließlich im Nationalsozialismus kulminiert). Horkheimers und Adornos „Dialektik der Aufklärung" hat genau diese Verkehrung der Aufklärungsintention in erneute Herrschaft zum Thema.

Philosophie und auch Bildungstheorie haben verschiedene Strategien entfaltet, um mit der daraus resultierenden Desillusionierung fertig zu werden:

(1) Alle Potenz der Selbstverwirklichung wird ins individualisierte, atomisierte Ich verlegt (Nietzsche, Existenzphilosophie). Damit einher geht eine Verinnerlichung des Bildungsgedankens.
(2) Es wird versucht, die eigenen Entwürfe als ideologische zu durchschauen und in deren kritischer Reflexion ein Umschlagen in Machtstrukturen zu verhindern (Marx, Kritische Theorie). Die ideologische Dimension des Bildungsgedankens wird freigelegt.
(3) Die Möglichkeiten von Macht und Entfremdung sollen dadurch unterwandert werden, daß auf jegliches Allgemeine, Fundierende (in Erkenntnistheorie, Ethik, Ästhetik) verzichtet und auf radikale Pluralität gesetzt wird (Postmoderne). Dies bedeutet zugleich eine Pluralisierung des Bildungsgedankens.
(4) Es gibt Bestrebungen, das Problem selbst aufzulösen, indem Subjekt und Objekt als Systemstrukturen aufgefaßt werden. Das heißt, es erfolgt eine strukturalistische Auflösung des Bildungsgedankens.

Die Existenzphilosophie ist eine Form, in der diese Vernunftkritik ausgetragen wird. Sie stellt gegen einen allgemeinen Subjektbegriff ein verendlichtes, durch seine Alltäglichkeit bestimmtes menschliches Dasein. Zugleich versucht diese Philosophie jedoch, im Topos der *Existenz* einen Rest von Autonomie, einen Subjektkern, ein unhintergehbares Ich-Zentrum zu bewahren und damit die im Subjektbegriff verdichteten Ideale von Humanität, Freiheit und Sittlichkeit, wenn auch residual, weiterzutragen. Mit dem Festhalten an der Selbstbestimmung und Freiheit des

---

3 Vgl. dazu die Untersuchungen zur zeitgenössischen Vernunftkritik in Welsch 1996.

Subjekts kehren in der Existenzphilosophie auch die Paradoxien der Subjekt- und Bildungstheorie wieder.

II. Existenzphilosophie

Die Existenzphilosophie ist eine Reaktion auf erste groß angelegte Vernunft- und Rationalitätskritiken des 19. und beginnenden 20. Jahrhunderts (vor allem die Lebensphilosophie). Sie nimmt diese in sich auf, will aber zugleich ein letztlich souveränes, autonomes Selbst bewahren. Die Existenzphilosophie trägt somit beides in sich aus, einerseits den Widerspruch von Vernunftkritik und Vernunfterhalt, andererseits das Ringen um die theoretische Fassung der Selbstkonstitution des Subjekts. Theoretische Problemstellung der Existenzphilosophie ist die Beschreibung des Menschen durch Freiheit und Selbstbestimmung, zugleich aber durch Welt- und Sozialbezüge.

Heidegger beabsichtigt mit *Sein und Zeit* eine Analyse des Daseins (d. h. des Menschen) in seinen innerweltlichen Bezügen (ontische Seite) und in seinem Selbstsein (ontologische Seite). Sein Ziel ist es nicht, letztlich ein atomisiertes, singuläres Selbst freizulegen, sondern zu einer ontisch-ontologischen Interpretation zu gelangen, d. h. aber, die Widersprüchlichkeit der Bestimmung des Menschen philosophisch bewältigen zu wollen.

Grundverfassung des Daseins ist nach Heidegger das In-der-Welt-sein. Dieses In-der-Welt-sein ermöglicht eine dreifache Blickrichtung zugleich: Erstens geht es dabei um die *Struktur von Welt*, um die Welt als gegenständliche und als die Anderen, d. h. um das *Sein-bei* innerweltlich Vorhandenem und Zuhandenem sowie das *Mit-sein* mit Anderen in einer *Mitwelt* (*SuZ*, 118). Zweitens ist dabei das *Wer* des In-der-Welt-seins impliziert. „Das Wer ist das, was sich im Wechsel der Verhaltungen und Erlebnisse als Identisches durchhält und sich dabei auf diese Mannigfaltigkeit bezieht" (*SuZ*, 114). Drittens wird das *In-sein* überhaupt als eine Seinsverfassung des Daseins ausgesagt, d. h. es werden die Möglichkeiten des Umgangs *mit* der Welt und des Seins *in* der Welt immer schon mitgedacht. Was das Dasein ist, wird gebildet als Resultante aller Formen des In-der-Welt-seins und des dadurch bedingten Selbstbezugs. Indem der Mensch *Dasein* ist, *da* ist, ist er immer schon durch Weltbezüge bestimmt und dabei immer auch schon durch seine Stimmungen erschlossen, auf eine gewisse Weise verstanden. Das Verstehen erschließt dem Dasein, daß es ihm in seiner Existenz um es selbst geht, und eröffnet dabei die prinzipielle Möglichkeitsstruktur des Daseins. „Die Möglichkeit als Existenzial bedeutet nicht das freischwebende Seinkönnen im Sinne der 'Gleichgültigkeit der Willkür'. Das Dasein ist als wesenhaft befindliches je schon in bestimmte Möglichkeiten hineingeraten, als Seinkönnen, das es ist, hat es solche vorbeigehen lassen, es begibt sich ständig der Möglichkeiten seines Seins, ergreift sie und begreift sich. Das besagt aber: das Dasein ist ihm selbst überantwortetes Möglichsein, durch und durch geworfene Möglichkeit. Das Dasein ist die Möglichkeit des Freiseins für das eigenste Seinkönnen. Das Möglichsein ist ihm selbst in verschiedenen möglichen Weisen und Graden durchsichtig" (SuZ, 144).

Dieser Bezug auf das eigene Sein ist im *alltäglichen* Dasein außer Kraft gesetzt. Heidegger zeigt in seiner Analyse der durchschnittlichen Alltäglichkeit die „Einebnung" der Besonderheit und Individualität des Einzelnen, der nicht mehr als „Ich" in Erscheinung tritt, sondern als „man". Das „Man" unterwirft alle seiner Diktatur, es nimmt dem Einzelnen die Entscheidungen ab, es verfügt über die Seinsmöglichkeiten, es entlastet damit das jeweilige Dasein, denn „man" paßt sich dem an, was „man" sagt, denkt und tut, wie „man" urteilt, liebt oder stirbt. „Die Vermeintlichkeit des Man, das volle und echte 'Leben' zu nähren und zu führen, bringt eine *Beruhigung* in das Dasein, für die alles 'in bester Ordnung' ist" (SuZ, 177). Im Man ist das Dasein entfremdet, seiner Eigentlichkeit und seinen Möglichkeiten gegenüber blind. Das Ich geht im Man unter. Die höchste Form der Selbständigkeit besteht im alltäglichen Umgang mit Anderen darin, sich gegen diese Anderen abzugrenzen, Abstand von ihnen zu gewinnen. Aber damit bleibt das alltägliche Dasein immer in der Herrschaft der Anderen, es ist nicht *es selbst*. Aber es ist es doch. Denn Heidegger will die Alltäglichkeit nicht als einen minderwertigen Status des Daseins verstanden wissen. „Das eigentliche Selbstsein beruht nicht auf einem vom Man abgelösten Ausnahmezustand des Subjekts, sondern *ist eine existenzielle Modifikation des Man als eines wesenhaften Existenzials*" (SuZ, 130). „Zunächst ist das Dasein Man und zumeist bleibt es so" (SuZ, 129). Aber in seinem alltäglichen Dasein ist der Mensch nicht in der Lage, ein solches Selbstverhältnis zu gewinnen, aus dem er sein Denken und Tun selbst strukturiert und bestimmt.

Gerade dieses Bestimmtsein nicht aus sich selbst, sondern durch die Welt der Dinge und die Anderen ist für die Existenzphilosophie der Angriffspunkt, geht es doch im Erbe des Subjektbegriffs um das Freisein für die eigenen Möglichkeiten, über die das Ich selbst entscheidet und damit sein eigenes Leben selbst entwirft. Nur als solches ist das Dasein *Existenz* (sinngemäß zu umschreiben als „aus sich selbst"). Verstanden als Existenz ist das Dasein vor allem durch reinen Selbstbezug bestimmt. Wie kommt das Ich nun aber zu sich selbst? Wie kann die Besinnung auf die eigene Existenz, auf die eigene Verantwortung für sich selbst gelingen?

Die Abwendung von der Befangenheit im Alltäglichen ist kein rationaler, sondern ein das Gesamtbefinden des Daseins betreffender Akt. „Wir müssen in der Tat *ontologisch* grundsätzlich die primäre Entdeckung der Welt der 'bloßen Stimmung' überlassen" (*SuZ*, 138). In seinen Stimmungen wird das Dasein heimgesucht, überfallen von Befindlichkeiten, die es mahnen und aufrufen, zu sich selbst zu kommen und sein Dasein nach eigenem Entwurf zu strukturieren. Das Erkennen ist gegenüber den Erschließungsmöglichkeiten der Stimmungen abgeleitet und verkürzt (*SuZ*, 134). Hier wird deutlich, worauf die Polemik Heideggers gegen den traditionellen Subjektbegriff zielt. Sein Angriffspunkt ist nicht das Subjekt schlechthin, sondern das kognitive Subjekt, das auf seine Rationalität reduziert ist.

Für Heidegger wird die Öffnung des Daseins auf seine Perspektiven und Möglichkeiten hin, seine Weltoffenheit, erst in der Gestimmtheit der Befindlichkeit der *Angst* geleistet. Angst vereinzelt das Dasein und wirft es auf sich selbst zurück. In der Angst schwindet die alltägliche Vertrautheit, so daß dem Dasein unheimlich wird. Damit zeigt Angst an, daß das Dasein gerade nicht fest umgrenzt und eindeutig bestimmt ist, sondern daß es im Grunde frei ist für das Ergreifen der eigenen Möglichkeiten.

Die Stimmungen bereiten aber das Dasein nur vor. Der Aufruf an das Dasein zu sich selbst, zum Ergreifen seiner Möglichkeiten geschieht durch das *Gewissen*. Alltäglich ist das Dasein zwar im Modus der Durchschnittlichkeit und des Man, aber *eigentlich* ist es dazu aufgefordert, sich selbst zu bestimmen, indem es seine Möglichkeiten nutzt oder vergehen läßt. In seiner Alltäglichkeit wird das Dasein vom Ruf des Gewissens und d. h. vom Aufruf zum eigenen Selbst getroffen. Der Ruf jedoch hat keinen Inhalt, er ist lediglich Appell. Der Ruf des Gewissens ist „vorrufender Rückruf" (*SuZ*, 287). Das Dasein ist nur zu bestimmen durch die Möglichkeitsräume, in die es sich einbringen kann oder nicht. Diese aber ruhen dem jeweiligen Jetzt-Zustand auf, sie sind nicht willkürlich. Das Dasein entwirft sich selbst in die Zukunft, es ist sich je schon vorweg, es zielt auf etwas, das es selbst und das die Welt so jetzt noch nicht ist. Die Grundverfassung des Daseins ist seine Unabgeschlossenheit, seine Offenheit, das

Freisein für eigene Möglichkeiten, ein noch-Ausstehen an Seinkönnen. Durch diese Unvollendetheit ist das Dasein als Existenz charakterisiert, es ist „Sich-vorweg-sein als Sein zum eigensten Seinkönnen" (*SuZ*, 193).

Das Entwerfen der eigensten Möglichkeiten (Entwurf) ist eine Leistung, die nicht unabhängig vom In-der-Welt-sein geschieht. Die „perfectio des Menschen" hat „die Struktur des geworfenen Entwurfs" (*SuZ*, 199). Faktisch ist das Selbst durch sein In-sein konstituiert, und zugleich wird es in seinem Vorblick auf die eigenen Möglichkeiten immer wieder aufgesogen durch die innerweltlichen Bezüge. Als Existenz ist das Dasein Grund seiner selbst. Aber es kann dem nie mächtig sein. Es muß das Grundsein immer noch übernehmen. Das eigene Entwerfen ist ein unendlicher, nie zu bewältigender Anspruch. Das Erreichen der Ganzheit, das volle Zu-sich-selbst-Kommen ist faktisch das Ende. „Solange das Dasein als Seiendes *ist*, hat es seine 'Gänze" nie erreicht. Gewinnt es sie aber, dann wird der Gewinn zum Verlust des In-der-Welt-seins schlechthin" (*SuZ*, 236). Dies ist der Tod. Das ganze Dasein ist das Zulaufen auf den Tod. Es ist damit aber zugleich „Ausstand an Seinkönnen", Offenheit, Unbestimmtheit, Unganzheit, Unfertigkeit.

Der Tod ist dasjenige Phänomen, das die Eigentlichkeit und das Selbstsein des Daseins verbürgt. Das Sterben kann nicht an das „Man" oder an Andere delegiert werden. *„Der Tod als das Ende des Daseins ist die eigenste, unbezügliche, gewisse und als solche unbestimmte, unüberholbare Möglichkeit des Daseins"* (*SuZ*, 258 f.). Deshalb geht die gesamte Existenzphilosophie so intensiv auf das Problem des Todes ein. Angesichts des Todes wird dem Dasein sowohl seine eigene Einmaligkeit wie auch seine eigene Nichtigkeit deutlich. Diese Nichtigkeit hat mehrere Facetten: Sie ist die Gewißheit eines möglichen nicht-mehr-Daseins. Sie ist aber auch die Nichtigkeit der alltäglichen Bestrebungen, in die sich das Dasein fallen läßt oder in die es geworfen ist. Zudem meint Nichtigkeit auch den Nicht-Charakter der entworfenen Möglichkeiten, d. h. das Dasein muß wählen, es kann nicht alle Möglichkeiten realisieren; immer auch ergreift es damit andere Möglichkeiten *nicht*. Diese Nichtheit ist Bedingung und Korrelat von Freiheit überhaupt. Würde das Dasein immer alle Möglichkeiten realisieren können, bestünde das Problem Freiheit nicht. Wäre das Dasein nicht frei, hätte es nicht die Möglichkeit, zu wählen und andere Möglichkeiten *nicht* zu wählen. In dieser Spannung von wählen und etwas anderes nicht-wählen trägt das Dasein seine existenziale Bestimmung als Freiheit aus. Die Stärke des Ich, sein Leben zu entwerfen, einen Lebensplan zu projektieren und dabei Möglichkeiten zu ergreifen, ist eine Last, die das Dasein zu tragen hat. Diese Last wird verdoppelt dadurch, daß auch das Bewußtsein des Nicht-Gewähltthabens anderer Möglichkeiten zeitlebens mitgeschleppt wird. (So hadert man ständig mit sich selbst: Hätte ich doch lieber einen anderen Mann geheiratet, etwas anderes studiert, gestern nicht so viel getrunken, die Schuhe für 300 Mark doch nicht gekauft ...) Dasein bedarf daher der Entschlossenheit. *„Der Entschluß ist gerade erst das erschließende Entwerfen und Bestimmen der jeweiligen faktischen Möglichkeit"* (*SuZ*, 298).

Heidegger hat versucht, das Dasein in seiner Eigentlichkeit, als Selbst, als Existenz zu begreifen, ohne dabei von den Weltbezügen zu isolieren. In seiner Eigentlichkeit geht es dem Dasein zwar nur um sich selbst und seine individuellen Seinsmöglichkeiten. Aber deren Entwurf und deren Realisierung sind stets innerweltlich und sozial präformiert. Dennoch ist es jedes Dasein je selbst, das in der Welt ist und sein Sein entwirft.

Sartre sieht die Spezifik des Menschen darin, daß nur bei ihm die Existenz der Essenz vorausgeht. Er kommt in die Welt *ohne* Essenz, ohne Wesen, ohne Bestimmung. Er ist konstitutiv frei aufgrund seines Seinsmangels. Er kann nicht „Sich" sein, also nicht ein in sich konsistentes Sein, denn dafür fehlt ihm ständig die Realisierung von Möglichkeiten. Der Mensch als Für-sich ist nicht Grund seines Seins, wohl aber Grund des Nichts, des Nichtens, des Realisierens und Nichtrealisierens von Möglichkeiten. Das Für-sich als Faktum (als Sein) ist kontingent, weil nicht Grund; das Für-sich als Grund seiner eigenen Existenz jedoch setzt sich selbst in jedem einzelnen Akt der Nichtung, der zugleich ein Akt der Selbstbestimmung ist. Die Nichtung, das Zurückdrängen des fixen Seins, ist immer das Ergreifen einer Möglichkeit, die durch das Ergriffenwerden das Für-sich konstituiert, indem es damit zugleich neue Möglichkeitsfelder erschließt.

Das Nicht öffnet den Freiheitsraum des Menschen in der Welt (im Umgang mit Sein) und umfaßt damit zugleich auch die Nicht-heit, die Unmöglichkeit einer eigenen Wesensfixierung, denn damit würde der Mensch zum An-sich, zu einem in sich ruhenden, fertigen Sein. Aber nichts am Menschen ist fertig. Alles ist von Möglichkeit umstellt, die in ihrer Ausgrenzung durch das Für-sich dieses je erst bildet. Was das Für-sich dabei ständig nichtet, überschreitet, ist nicht ein abstraktes Sein, sondern es ist die menschliche Realität selbst als Totalität (*SuN*, 190). Es ist der ständige Kampf des Für-sich um sich selbst gegen sein An-sich-sein, gegen seine Selbstpreisgabe und seine Geworfenheit, gegen ein Zurücksinken in Indifferenz und Unfreiheit. Das Für-sich *ist*, indem es das An-sich, das es ist, nichtet. Der Mensch zieht sich selbst ständig heraus aus dem Sein, das er ist. Er ist das ständige Überwinden seines An-sich, seines nicht-selbstgewählten Seins. Er ist nur Für-sich, indem er sich als in ein unerschöpfliches Möglichkeitsfeld gestellt und zum unaufhörlichen Entscheiden und Entwerfen bestimmt sieht. Der Mensch kann seiner Freiheit nicht entgehen. Der Mensch kann sich nicht an ein Wesen klammern, das er gar nicht hat, oder wie Sartre sagt: „Ich bin verurteilt, für immer jenseits meines Wesens zu existieren, [...] ich bin verurteilt, frei zu sein" (SuN, 764).

Dabei geht es Sartre darum, die Freiheit nicht als ein Wesensmerkmal, eine Eigenschaft, eine Bestimmung des Menschen anzusetzen, die man das eine Mal wahrnehmen kann und das andere Mal nicht. Sondern Freiheit ist das nicht weiter zurückführbare Grundphänomen des Für-sich. Der Mensch ist nicht erst da und muß sich sukzessive seine Freiheit erringen. „Der Mensch ist keineswegs *zunächst*, um dann *frei* zu sein, sondern es gibt keinen Unterschied zwischen dem Sein des Menschen und seinem *Frei-sein*" (SuN, 84). Es gibt demnach auch kein Wesen der Freiheit, das sich durch konstante Bestimmungen festschreiben ließe. „Freiheit ist immer *meine* Freiheit" (SuN, 762). Sartre wendet sich damit gegen die Zweiteilung des Menschen in ein transzendentales und empirisches Ich, in ein selbstbestimmtes und ein determiniertes Ich, in ein alltägliches und ein eigentliches Dasein. Diese Freiheit ist ganz, oder sie ist gar nicht. Dazwischen gibt es nichts. Sartre spitzt dies mit einem krassen Jules-Romain-Zitat zu, das lautet: „Im Krieg gibt es keine unschuldigen Opfer" (SuN, 952).

Auch mein Opfer-sein geschieht mir aus dem Grund meiner Freiheit, aus der grundsätzlichen Verantwortung für mich selbst. In diesem Sinne gibt es für den Menschen keine Unschuld und kein Opfer-sein. Denn alles widerfährt einem Ich, das dieses Geschehen „Für-sich" deutet. Überall begegnet das Ich letztlich sich selbst, seinen eigenen Entwürfen, seinem eigenen Selbstverständnis. „Was mir zustößt, stößt mir durch mich zu, und ich kann weder darüber bekümmert sein noch mich dagegen auflehnen, noch mich damit abfinden" (SuN, 951).

Der Mensch ist frei, weil er ein Verhältnis zu sich selbst hat, weil er sich wählen kann und muß. „Der Mensch ist frei, weil er nicht Sich ist, sondern Anwesenheit bei sich" (SuN, 765). Er kann handeln, d. h. sich Zwecke setzen und diese realisieren, weil er frei ist. Davon zu unterscheiden ist aber die Sicht, die der Mensch in seinem alltäglichen, unreflektierten Dasein hat. In seiner Geworfenheit fühlt sich der Mensch den Gegebenheiten ausgeliefert; sie widerfahren ihm, ohne daß er sich darin erkennt. Es ist dies jedoch, besinnt man sich auf die unabweisbare Verantwortung des Ich, ein Zustand der Unaufrichtigkeit. Denn als Für-sich ist der Mensch grundsätzlich und wesenhaft frei und sich selbst entwerfend. Frei sein heißt nicht, daß man etwas Gewolltes erreichen kann, sondern daß man sich selbst dazu bestimmt, durch sich selbst zu wollen und zu wählen (*SuN*, 836).

Nicht daß ich in der Welt und mit Anderen bin, daß mir daraus ständig bestimmte Situationen erwachsen, ist für den Menschen unter dem Gesichtspunkt der Freiheit relevant, sondern daß ich diese Situationen, indem sie mir in meiner Freiheit begegnen, als Situationen verstehe, für die ich immer schon verantwortlich bin. In alles, was dem Menschen begegnet, geht er selbst schon als das Für-sich, dem dies begegnet, ein. „Es ist also unsinnig, sich beklagen zu wollen, weil ja nichts Fremdes darüber entscheidet, was wir fühlen, was wir leben oder was wir sind. Diese absolute Verantwortlichkeit ist übrigens kein Akzeptieren: sie ist das bloße logische Übernehmen der Konsequenzen unserer Freiheit" (*SuN*, 950 f.). Freiheit ist demnach nicht Willkür, sondern in besonderem Maße Verantwortung. Denn gerade weil der Mensch sich selbst bestimmt, ist er auch dafür verantwortlich, wohin diese Bestimmung führt und was sie beinhaltet. Er kann die Verantwortung keiner anderen Macht oder Instanz zuweisen. Er trägt sie allein und absolut.

In Anlehnung an Heidegger nennt Sartre das Gefühl, das dem Für-sich seine Verantwortung erschließt, Angst. „Angst ist der Seinsmodus der Freiheit als Seinsbewußtsein, in der Angst steht die Freiheit für sich selbst in ihrem Sein in Frage" (*SuN*, 91). Diese Angst rührt daher, daß der Mensch nicht Grund seines Seins ist, aber dennoch aufgrund seiner freiheitlichen Verfaßtheit verurteilt ist, für dieses Sein verantwortlich zu sein. Er hat Angst, weil alles offen ist, weil nichts feststeht, weil es in die Fähigkeit des Für-sich gestellt ist, allem einen neuen Sinn zu geben, weil das Nichten des Für-sich immer auch ein Versagen ist gegenüber der Vielfalt der Seinsmöglichkeiten. Das heißt, der Mensch nimmt seine Verantwortung kaum jemals wahr. Er versteckt sich und flieht vor sich selbst und vor seiner Angst in die Unaufrichtigkeit. Wenn aber der Mensch dazu verurteilt ist, frei zu sei, dann kann ihm die Flucht vor der nie zu erfüllenden Aufgabe der Selbstbestimmung nicht gelingen. Er macht sich selbst. Seine Sicht der Welt und sein Handeln in der Welt sind seine eigene Entscheidung.

Zugleich aber erhält das Für-sich eine entscheidende Dimension seines Selbstbezugs durch den Bezug zu Anderen. Der Mensch ist immer schon in seinem Selbstbewußtsein konstituiert durch ein Bewußtsein von Anderen. Sartre verwendet einen großen Teil seines Buches darauf, die Beziehung von Ich und Anderen zu analysieren. Er untersucht Gefühle, Verhaltensweisen und den Bezug zum eigenen Körper als Phänomene, die immer schon auf Andere verweisen. Ich im *Blick* eines Anderen, meine *Scham*, die mich deutlich fühlen läßt, daß ich mich durch die Wertmaßstäbe Anderer bewerte, meine Begierden und Leidenschaften, die mich zu Anderen in Beziehung setzen, werden ausführlichst abgehandelt. Für Sartre benötige ich Andere, „um alle Strukturen meines Seins voll erfassen zu können; das Für-sich verweist auf Für-Andere" (*SuN*, 407). Dennoch zielt auch seine ganze Untersuchung auf die Auffassung von der unhintergehbaren, im Grunde auch nicht verstehbaren und beschreibbaren Ich-haftigkeit aller Weltbezüge. Ungeachtet aller faktischen Bedingungen ist der Mensch letzlich immer auf sich selbst und seine eigene Unbestimmtheit verwiesen.

Das Subjektverständnis der Existenzphilosophie ist gegenüber dem Deutschen Idealismus und der klassischen Bildungstheorie transformiert. Damit reagiert die Existenzphilosophie auf vernunftkritische Impulse, die zwar die klassischen Konzepte immer schon als Schatten begleiten, die aber insbesondere mit der Romantik, mit Nietzsche und der Lebensphilosophie prägnant artikuliert werden. Diese Transformation hat verschiedene Seiten.

Zum einen wird versucht, die Endlichkeit, Situationsgebundenheit und Sozialität des Menschen zur Geltung zu bringen. Das lebensweltlich eingebundene Subjekt ist jedoch in seiner Eigenständigkeit und seinen weltverändernden Ansprüchen paralysiert. Zweitens wird gegenüber der reflexiven Vernunft die welterschießende Kraft der Stimmungen und Befindlichkeiten hervorgehoben. Zum dritten zielt die Existenzphilosophie darauf, neben dieser lebensweltlichen Situierung bzw. „transzendentalphilosophischen Sicherung der Endlichkeit"[4] die Freiheit und Autonomie des Subjekts konzeptionell zu bewahren. Die Existenzphilosophie setzt die Vernunftkritik um, indem sie die allgemeinen, intersubjektiven Bestimmungen des Subjekts als Vernunftwesen (seine Rationalität, Sittlichkeit) reduziert, die Selbstbestimmung des Subjekts aber als formales Prinzip beibehält. Dies kann nur geschehen, indem im Subjekt so etwas wie ein

---

4 Vgl. Schulz, S. 291.

Kern, eine letzte, unhintergehbare und unverstehbare Identität ausgemacht wird (der Rest Gottes im Menschen), an der Freiheit, Selbstsein und Verantwortung festgemacht sind.

Die Existenzphilosophie versucht, den Utopierest eines selbstbestimmten Lebens gegenüber einer deformierten Gesellschaft zu retten. Ohne diesen Rest, für den Umschreibungen wie Freiheit, Entwurf, Selbstsein stehen, verfällt der Anspruch auf Selbstverwirklichung und die Hoffnung auf menschenwürdigere gesellschaftliche Bedingungen vollends. Denn dann wäre das Subjekt immer schon deformiert, weil Teil des intersubjektiven Prozesses. Die Existenzphilosophie kann Freiheit nur noch als Freiheit des Ich, nicht mehr als Freiheit der Gattung vorstellen. Damit ist hinsichtlich des Denkens der Existenz auch keine intersubjektiv ansetzende ethische Erwägung mehr relevant.

„Wer in der Angst seine Lage realisiert, in eine Verantwortlichkeit geworfen zu *sein*, die sich bis zu seiner Geworfenheit zurückwendet, kennt weder Gewissensbisse noch Bedauern, noch Entschuldigungen mehr; er ist nur noch eine Freiheit, die sich als völlig sie selbst entdeckt und deren Sein auf eben dieser Entdeckung beruht" (*SuN*, 955).

Die Verinnerlichung und Individualisierung der Subjektkonstitution, also die Bewahrung von Selbstbestimmung und Freiheit, ist nur möglich geworden durch den Verzicht auf den allgemeinen Status des Subjekts als Träger von Vernunft. Mit dem Verzicht auf die allgemeine, synthetisierende und normative Funktion der Vernunft verbleibt dem Subjekt nur seine selbstbezügliche Freiheit. Es hat seine allgemeine Dimension aufgegeben. Die hier eingenommene moralische Perspektive ist nur eine solche, die das Individuum verallgemeinert, sie kann nicht aus einem übergeordneten Prinzip deduziert oder kommunikativ ausgehandelt werden. Moralität ist abstrakt geworden. Sie besagt nur noch, daß der Mensch verantwortlich sei. Sie ist nicht mehr in inhaltlichem Sinne normativ.

III. Existenzphilosophie und Bildungstheorie

Es bleibt die Frage zu beantworten, welche Bedeutung der Existenzphilosophie für bildungstheoretische Überlegungen zukommt. Hier können nur einige Aspekte angedeutet werden.

Wenn die Schnittstelle zwischen Philosophie und Bildungstheorie eingangs in der Problematik der Subjektkonstitution ausgemacht wurde, muß nun vor allem nach dem spezifischen Subjektkonzept, das dem Existenzbegriff zugrunde liegt, unter bildungstheoretischem Blickwinkel gefragt werden. In bildungstheoretischer Lesart steht die Existenzphilosophie für den Anspruch auf „Bildung des Menschen zu sich selbst", für die Betonung des Entwurfcharakters des menschlichen Daseins in seiner Existenz, wodurch der Mensch sich selbst dazu aufruft, sich auf seine eigenen Möglichkeiten hin zu konzipieren und zu realisieren. Etwas überhöht formuliert: Der Mensch, verstanden als Existenz, ist das Subjekt des Selbstbildungsprozesses. Damit sind impliziert: die Möglichkeitsstruktur jeder Situation, die Heraushebung der Unbedingtheit des Menschseins und die Einmaligkeit jedes Individuums. Die Existenzphilosophie betont das Urerlebnis der Existenz als jemeiniger. Das Ich ist die Instanz, die sich selbst und der Welt Sinn gibt. Existenz ist das allen Bestimmungen vorausliegende, irreduzible „Ich bin". Sie ist nicht eine Faktizität, ein Gegebensein, sondern sie ist aufgegeben. Existenz ist kein Merkmal, sondern konstituiert sich erst im Vollzug. Dieser Prozeß wird in der Pädagogik unter dem Topos „Bildung" thematisiert.

Die konstitutiven Voraussetzungen dazu mag der Menschen je schon mitbringen, die Befähigung dazu mag der Mensch in seinen innerweltlichen, sozialen Bezügen erwerben. Die Realisierung von Bildung jedoch weist hinter alle Sozialität und Weltgebundenheit zurück auf den Einzelnen und seine entwerfende Kraft. In seiner Alltäglichkeit kann der Mensch zwar erzogen, sozialisiert, unterrichtet werden. Bildung aber als „zu sich selbst kommen", als „sich auf seine Möglichkeiten hin entwerfen" hat nur Raum im Geltendmachen des Menschen hinsichtlich seiner Dimensionierung als Existenz. Das Subjekt des Bildungsprozesses ist nicht das alltägliche, geworfene, entfremdete Ich, denn dieses kann sich nicht bilden, nicht auf seine Möglichkeiten hin entwerfen. Sondern es ist der Mensch in seinem existentialen Selbstbezug, das in seiner Freiheit angesprochene Dasein bzw. Für-sich.

In der Existenzphilosophie wird eine wesentliche Seite des Bildungsprozesses verdeutlicht, die die Einzigartigkeit, Unbestimmtheit und Freiheit des Individuums betrifft. Die theoretischen Bestrebungen der Existenzphilosophie zielen auf ein Menschenbild, das freigehalten ist von allen Determinanten. Der Mensch ist weder empirisch noch metaphysisch oder konstruktivistisch zu bestimmen. Seine Bestimmungen sind prinzipiell offen. Nur so ist Freiheit überhaupt denkbar. Freiheit ist die Selbstbestimmung von Möglichkeiten, ist Wahl und Entwurf. Der bei Heidegger und Sartre so stark betonte Gedanke des Entwurfs impliziert zweierlei. Er ist zugleich Akt und Bild, d. h. ständiges Entwerfen und dessen momentanes Resultat, das ständig auch schon überholt ist. Der Zusammenhang Bildung – Bild ist an dieser Stelle nicht zufällig. Bildung ist abhängig vom zugrundeliegenden Bild vom Menschen. Das Bild, das der Mensch von sich hat, entscheidet darüber, welche Aufgabe er Bildung, seiner Bildung, zumißt. Das Ich ist wesenlos geworden, es hat nur noch die Aufgabe, in seinem Entwurf sein Wesen selbst zu formen.[5] Dasein als Selbstsein, als Grund seiner selbst, ist nur negativ bestimmt, als Möglichkeitsstruktur, unreduzierbare Unabgeschlossenheit, Offenheit, Nichtheit. Bildung ist demnach letztlich nicht steuerbar, nicht manipulierbar. Sie muß immer von einem einzelnen Menschen durch sein Handeln und Denken selbst vollzogen werden. Der sich bildende Mensch weist immer über den momentanen Zustand hinaus; er treibt sich selbst und seinen Bildungsprozeß immer weiter. Bildung, gebunden an die entwerfende Aktivität des Einzelnen, wird zur unendlichen, unbestimmbaren, nie einlösbaren und je neu zu bewährenden Potenz der Selbstbestimmung und Selbsttätigkeit. Hiermit, d. h. mit dem freien Selbstentwurf des Subjekts, muß die Pädagogik rechnen. Pädagogische Einwirkung ist im Grunde nicht kalkulierbar. Das Subjekt kann sich immer quer dazu stellen. Der Aufruf zum Selbstsein, der Entschluß, hat keinen Inhalt. Bildung kann nicht inhaltlich bestimmt werden.

Zugleich ist mit dem Existenzkonzept das Eingeständnis verbunden, daß jeder immer hinter seinen Möglichkeiten zurückbleiben muß. Bildung ist so ein immerwährender Prozeß, der sich der praktischen Realisierung und theoretischen Durchdringung immer wieder entzieht. Das Bemühen, das menschliche Dasein begrifflich zu fassen, läßt immer schon das Scheitern dieses Bemühens durchscheinen. Existenzphilosophie verweist damit auf das Paradoxe in jedem Versuch, den Menschen und Bildung zu denken und zu beschreiben. Der Existenzbegriff konstituiert sich durch die Paradoxie von Bestimmungslosigkeit und Selbstbestimmung. Das Paradoxe ist dem Existenzdenken sehr deutlich bewußt, wenn Sartre z. B. von der *Absurdität* der Wahl spricht, von der Freiheit, die eigene Freiheit auch zu untergraben. „Da ich ja frei bin, entwerfe ich mein totales Mögliches, setze aber dadurch, daß ich frei bin und daß ich diesen primären Entwurf jederzeit nichten und vergangen machen kann. In dem

---

[5] Vom Standpunkt einer rigorosen Freisetzung des Menschen zu sich selbst ist auch zu überlegen, inwiefern der Begriff der Bildsamkeit damit korrespondiert oder ob er nicht schon zu gehaltvoll ist.

Moment, wo das Für-sich meint, daß es sich erfaßt und sich von einem ent-worfenen Nichts das anzeigen läßt, was es *ist*, entgeht es sich also, denn gerade dadurch setzt es, daß es anders sein kann, als es ist" (*SuN*, 831). Auch bei Heidegger ist diese paradoxe Struktur theoretisch manifest. So spricht er von geworfenem Grund (*SuZ*, 286), Man-Selbst, geworfenem Entwurf (*SuZ*, 199), dem schweigenden Reden des Gewissens (*SuZ*, 296), vom Anruf als vorrufendem Rückruf (*SuZ*, 287) und vom ontisch-ontologischen Entwurf des Daseins (*SuZ*, 313).

Die Paradoxien des Bildungsbegriffs sind dazu synchron. Die Paradoxien der menschlichen Existenz und Bildung haben ihren Grund in der Bestimmung des Menschen als Subjekt, d. h. durch Freiheit. „So ahnen wir langsam das Paradox der Freiheit: es gibt Freiheit nur *in Situation*, und es gibt Situation nur durch die Freiheit. Die menschliche-Realität begegnet überall Widerständen und Hindernissen, die sie nicht geschaffen hat; aber diese Widerstände und Hindernisse haben Sinn nur in der freien Wahl und durch die freie Wahl, die die menschliche-Realität *ist*" (*SuN*, 845f.). Oder an anderer Stelle spricht Sartre vom „Zirkel der Selbstheit": „Ohne Welt keine Selbstheit, keine Person; ohne die Selbstheit, ohne die Person keine Welt" (*SuN*, 214).

Jedes Für-sich ist durch das bestimmt, das es ist, zugleich aber auch durch das, das ihm mangelt, oder mit anderen Worten: Die menschliche Realität ist ihre eigenen Möglichkeiten und ist es auch nicht (*SuN*, 200 f.). Freiheit bedeutet vollkommene Selbstbestimmung aufgrund der unbegrenzten, dauerhaften, nie aufzuhebenden Unbestimmtheit des Menschen. Diese Freiheit bedeutet aber nicht nur ein unerschöpfliches Reservoir an Möglichkeiten, sondern auch eine Last. Der Mensch ist dazu verurteilt, frei zu sein. Niemand nimmt ihm dieses Last ab. Bildung umfaßt unter diesen Voraussetzungen den Anspruch, sich der Freiheit gewachsen zu zeigen, also nicht nur die Kompetenz zur Selbstbestimmung zu erwerben, sondern auch die Fähigkeit zum Ertragen der Entscheidungskonsequenzen. Die Herausstellung der Ich-Perspektive, des Selbstbezugs, der Selbstwahl, des Entwurfcharakters des menschlichen Daseins läßt nur eine nicht-affirmative Bildungstheorie zu, die kategorial dem Phänomen doch nie ganz habhaft werden kann. Dies gilt für die Selbstbeschreibung in der Theorie wie für die Selbstkonstituierung in der Praxis. Begriffe wie Mensch und Bildung sind orientierende Begriffe, um deren mögliche Konnotationen das Denken unentwegt kreist, ohne je in so etwas wie ein Zentrum zu gelangen. Wie Jaspers sagt: „Solange Menschen leben, werden es Wesen sein, die sich selbst immer noch zu erringen haben."⁶

Literatur

Benner, Dietrich, 1995, *Studien zur Didaktik und Schultheorie*, Weinheim und München

Benner, Dietrich, ³1996, *Allgemeine Pädagogik. Eine systematisch-problemgeschichtliche Einführung in die Grundstruktur pädagogischen Denkens und Handelns*, Weinheim und München

Bollnow, Otto Friedrich, *Existenzphilosophie*, (o. A.)

Frank, Manfred, 1986, *Die Unhintergehbarkeit von Individualität*, Frankfurt/M.

Frank, Manfred/Raulet, Gérard/Reijen, Willem van (Hg.), 1988, *Die Frage nach dem Subjekt*, Frankfurt/M.

Gößling, Hans Jürgen, 1993, *Subjektwerden. Historisch-systematische Studien zu einer pädagogischen Paradoxie*, Weinheim

Habermas, Jürgen, ³1991, *Der philosophische Diskurs der Moderne*, Frankfurt/M.

Habermas, Jürgen, 1992, *Nachmetaphysisches Denken*, Frankfurt/M.

Hansmann, Otto/Marotzki, Winfried (Hg.), 1988, *Diskurs Bildungstheorie I: Systematische Markierungen*, Weinheim

Hansmann, Otto/Marotzki, Winfried (Hg.), 1989, *Diskurs Bildungstheorie II: Problemgeschichtliche Orientierungen*, Weinheim

Heidegger, Martin, ¹⁶1986, *Sein und Zeit*, Tübingen

Horkheimer, Max/Adorno, Theodor W., 1989, *Dialektik der Aufklärung*, Leipzig

Jaspers, Karl, ⁴1991a, *Von der Wahrheit*, München, Zürich

Jaspers, Karl, ⁸1991b, *Kleine Schule des philosophischen Denkens*, München, Zürich

Klafki, Wolfgang, ⁴1994, *Neue Studien zur Bildungstheorie und Didaktik*, Weinheim/Basel

Lassahn, Rudolf, ²1983, *Grundriß einer Allgemeinen Pädagogik*, Heidelberg

Lenzen, Dieter (Hg.), 1994, *Erziehungswissenschaft. Ein Grundkurs*, Reinbek

Marotzki, Winfried, 1984, *Subjektivität und Negativität als Bildungsproblem*, Frankfurt/M., New York, Nancy

Marotzki, Winfried/Sünker, Heinz (Hg.), 1993, *Kritische Erziehungswissenschaft – Moderne –Postmoderne*, 2 Bde., Weinheim

Meyer-Drawe, Käte, 1990, *Illusionen von Autonomie. Diesseits von Ohnmacht und Allmacht des Ich*, München

---

6 Jaspers 1991b, S. 67.

Pongratz, Ludwig A., 1986, *Bildung und Subjektivität. Historisch-systematische Studien zur Theorie der Bildung*, Weinheim und Basel

Sartre, Jean-Paul, 1993, *Das Sein und das Nichts. Versuch einer phänomenologischen Ontologie*, Reinbek

Schulz, Walter, 1972, *Philosophie in der veränderten Welt*, Pfullingen

Wellmer, Albrecht, [4]1990, *Zur Dialektik von Moderne und Postmoderne. Vernunftkritik nach Adorno*, Frankfurt/M.

Welsch, Wolfgang, 1996, *Vernunft. Die zeitgenössische Vernunftkritik und das Konzept der transversalen Vernunft*, Frankfurt/M.

Zimmermann, Franz, [3]1992, *Einführung in die Existenzphilosophie*, Darmstadt

Winfried Marotzki

Biographieanalyse als mikrologische Zeitdiagnose. Eine methodologisch inspirierte Relektüre der Schriften Walter Benjamins

Die Allgemeine Pädagogik hat sich eine gewisse Nähe zur Philosophie erhalten. Sie *ist* nicht Philosophie, aber ihre Reflexionsfiguren liegen auf der Schnittstelle zu dieser akademischen Disziplin. Bekanntlich hat Wilhelm Flitner beispielsweise die Rückgewinnung der philosophischen Dimension für die Pädagogik sowie deren Bezug auf eine jeweilige Situation, aus der heraus Erziehungs- und Bildungsprozesse verstehbar werden, betont. Der bildungstheoretisch relevante Gesichtspunkt bestehe darin, pädagogisches Denken und gesellschaftliche Gegenwartsaufgaben in ein fruchtbares Wechselverhältnis zu bringen. Erziehungswissenschaft widme sich demzufolge der Aufgabe, jene Spannung systematisch zu untersuchen, die zwischen gesellschaftlich auferlegten Problembeständen einerseits und menschlicher Entwicklung andererseits entstehe. Zeitdiagnostik wird damit für Flitner zum zentralen Bestandteil bildungstheoretischen Denkens. Er hat stets gefordert, daß Pädagogik die historisch kulturelle Situation, in der pädagogische Praxis statthabe, hermeneutisch aufklären müsse, so daß sich ein „Standortbewußtsein im Kampfgewühl der Zeit" (Flitner 1957/66, 336) herausbilden könne. Es liege eine prinzipielle Gebundenheit des pädagogischen Denkens an eine Auslegung der Gegenwartssituation in zeitdiagnostischer Absicht vor. Erziehungswissenschaftliche Reflexionen und Theoriebildungen müssen in diesem Verständnis einerseits philosophisch elaboriert sein – und insofern den Dialog mit der Philosophie führen – und andererseits durch die Fragen der Gegenwart inspiriert, also empirisch informiert sein.[1] Zeitdiagnose ist mehr als empirische Er-

---

1 Dieser Weg führt nicht an anderen Disziplinen vorbei, sondern ist nur mit ihnen zusammen zu bewältigen. Das hat Flitner sehr deutlich gesehen. Mit Blick auf die Einzelwissenschaften sagt er: „Die pädagogische Wissenschaft muß sich aller solcher Hilfen versehen und die interdisziplinäre Kommunikation offenzuhalten versuchen" (Flitner

forschung bestimmter Trends beispielsweise der Modernisierung von Gesellschaften oder bestimmter Jugendphänomene. Empirische Foschung ist notwendig, aber nicht hinreichend. Andererseits ist Zeitdiagnose mehr als philosophische Reflexion. Also entsteht die Frage, wie Zeitdiagnose empirisch gehaltvoll und philosophisch elaboriert zu betreiben ist.

Ich möchte diese Frage in der vorliegenden Arbeit in methodologischer Absicht behandeln. Die bisherigen Überlegungen lassen verschiedene Analyserichtungen zu. Es ist vorstellbar, daß statistisch gewonnene Trends oder sozial- und politikwissenschaftliche Daten einer philosophischen Reflexion unterzogen und auf diesem Wege bestimmte *Zeitgeistererscheinungen* in erziehungswissenschaftlich relevanter Form erörtert werden. Wenn man jedoch der These folgt, daß Erziehungswissenschaft und Pädagogik gerade ein verstärktes Interesse am Einzelmenschen haben, dann rücken Ansätze in das Zentrum des Interesses, die den Fokus der Analyse auf die Vermittlungsformen des Einzelnen mit dem Allgemeinen legen. Innerhalb der Debatte um eine erziehungswissenschaftliche Biographieforschung (vgl. Krüger/Marotzki [Hg.] 1996) erfüllt das Konzept der Biographie diese systematische Funktion. Biographieforschung, die sich dem interpretativen Paradigma verpflichtet weiß, richtet sich auf Formen subjektiver Erfahrungsverarbeitung, auf das Verhältnis von Subjektivität und gesellschaftlicher Wirklichkeit. In diesem Sinne sagen Hermanns u. a.:

> „Uns interessiert nicht eine soziographische Beschreibung von Verteilungen der verschiedenen Einzelphänomene im *Ganzen*, sondern uns interessiert – um im Bild zu bleiben – das Ganze im Einzelnen, nämlich der Prozeß, durch den einzelne Handlungen die Struktur des Ganzen im Einzelfall reproduzieren und gegebenenfalls auch transformieren." (Hermanns u. a. 1984, 62 f.)

In soziologischen Debatten ist die hier zugrunde liegende Frage zugespitzt in der Weise diskutiert worden, wie man aus der rituellen Alternative zwischen subjektivistischen und objektivistischen Konzepten herauskomme (vgl. z. B. Bourdieu 1979, 148 ff.). Für W. Fischer und M. Kohli bildet gerade das Biographiekonzept die Möglichkeit, dieser rituellen Alternative zu entkommen:

> „Wir verstehen *Biographie* als alltagsweltliches Konstrukt, das die lebensweltliche Ambiguität vorgegebener Regelhaftigkeit und Emergenz gleichermaßen

---

1976, 491). Insbesondere ist für ihn der Dialog mit der Philosophie wichtig. Er fordert nämlich, daß die Pädagogik „im Gespräch mit der Philosophie ihrer Epoche das pädagogische Ethos aufklärt" (Flitner 1976, 491).

beinhaltet. Dementsprechend kann die soziologische Biographieanalyse swohl dem Anliegen *subjektiver* wie *objektiver* Analyse gerecht werden, sofern sie Erfahrung und Intention im Handlungsbegriff als auch das der Handlung vorintentional zugrunde liegende Schema enthüllen kann." (Fischer/Kohli 1987, 35)

Diese Ausführungen sollen reichen, um zu verdeutlichen, daß im Bgründungsdiskurs von Biographieforschung das Biographiekonzept gerade jene schillernde Mittelstellung zwischen dem Allgemeinen und dem Einzenen, zwischen Gesellschaftsstruktur und dem Subjekt einnimmt. Die Thematisierung von Biographien eröffnet demzufolge zwei Analyserichtungen: Zum einen können Aufschlüsse über Sozialstruktur und gesellschaftliche Bedingungen gewonnen werden, zum anderen über subjektive Strukturen. Egal, welcher Analyserichtung man folgt, es ist in beiden Fällen möglich, auf diesem Wege methodisch kontrolliert Reflexionsfiguren zu entwickeln, die in gleicher Weise philosophisch elaboriert und empirisch fundiert sind. Um den methodologischen Status des Biographiekonzeptes aufzuklären, habe ich an anderen Orten (z. B. Marotzki 1991) eher nebenbei vorgeschlagen, zu prüfen, ob der Begriff der Mikrologie hilfreich ist, jene am Einzelfall orientierte Einheit von empirisch fundierter und philosophisch elaborierter Reflexionsfigur zu explizieren. Dieser Frage möchte ich in dem vorliegenden Beitrag nachgehen und prüfen, inwieweit jener Autor einer methodologischen Relektüre unterzogen werden kann, der mit dem Begriff der Mikrologie zuerst assoziiert wird, nämlich Walter Benjamin. Mein Ziel ist es zum einen, den Status von Mikrologie zu erörtern, und zum zweiten, zu prüfen, ob das mikrologische Verfahren als konstellatives Denken sich zu einer Methode bildet und insofern zur methodologischen Erörterung des systematischen Ortes von Biographie verwendet werden kann.

Der Begriff der Mikrologie bezeichnet bei Benjamin ein methodisches Verfahren, für das bei ihm selbst unterschiedliche Bezeichnungen zu finden sind: Urspungswissenschaft, infinitesimale Methode, konstruktive Anamnesis, Dialektik im Stillstand oder konstellatives Denken. Das Vertrauen, das Benjamin in diese Methode setzt, ist in einer Einstellung begründet, die er als *fruchtbare Skepsis* bezeichnet. Fruchtbar ist diese Einstellung, weil sie von der Vermutung geprägt ist, daß noch oder gerade „im Singulärsten und Verschrobensten der Phänomene" (Benjamin I, 1, 227) von dem etwas zu entdecken ist, was zum *Wahrheitsgehalt*, zum *Wesenszusammenhang* oder zur – wie Benjamin auch sagt – Konstellation der Wahrheit zusammentreten kann. Von Skepsis geprägt ist diese Einstellung, weil es ihr nicht von vornherein ausgemacht ist, ob durch das mikrologische Verfahren sich die Konstellation der Wahrheit auch tatsächlich her- bzw. darstellt. Es gibt keine Garantie aufs Gelingen. Nähert man sich heute Benjamins Schriften aus der oben skizzierten methodologischen Perspektive, dann stößt man auf Schwierigkeiten. Ich will mich im folgenden exemplarisch mit drei Schwierigkeiten beschäftigen, die ich anhand dreier Stationen der Entwicklung der Mikrologie im Denken Benjamins diskutieren will:

(1) Die *erkenntnistheoretischen Schwierigkeiten* werde ich exemplarisch anhand der erkenntniskritischen Vorrede zum „Ursprung des deutschen Trauerspiels" (1925) erörtern. Benjamin hat hier zum erstenmal die Grundsätze konfigurativen Denkens in Gestalt einer Wahrheitstheorie formuliert, um sie am Gegenstand des barocken Trauerspiels zu erproben.
(2) Die *Schwierigkeiten mit dem Subjektivitäts- und Erfahrungsbegriff* werde ich anhand jener Texte diskutieren, die dem Themenkreis der *Berliner Kindheit*, also den biographischen und autobiographischen Schriften (1933-1938) zuzurechnen sind. Hier sind es Subjektivität und Erfahrung, die durch das mikrologische Verfahren erschlossen werden sollen.
(3) Die *geschichtsphilosophischen Probleme* werde ich anhand der Denkfiguren aus dem Umkreis des unvollendeten „Passagen-Werks" (1938-1940) diskutieren.

I. Erkenntnistheoretische Schwierigkeiten

Benjamin beginnt seine „erkenntniskritische Vorrede" mit der Unterscheidung der Kategorien Erkenntnis und Wahrheit. Wahrheit ist bei ihm auf die „kontemplative Darstellung" von Ideen bezogen, Erkenntnis dagegen auf den *Besitz* bzw. das *Innehaben* des Gegenstandes durch das Bewußtsein. Im Falle von Wahrheit sei das Subjekt nicht ein aktives, erforsche oder entdecke nicht, sondern werde gleichsam zum Medium, in dem Wahrheit „sich darstellt". Erkenntnisse könne man aktiv gewinnen, Wahrheit aber müsse sich selbst darstellen lassen. Erkenntnis stelle einen Bewußtseinszusammenhang dar; „Erkenntnis ist ein Haben" (Benjamin I, 1, 209); Wahrheit sei dagegen ein Seinszusammenhang. Der Gegenstand der Erkenntnis sei nicht identisch mit dem der Wahrheit.

„Die Erkenntnis richtet sich auf das Einzelne, auf dessen Einheit aber nicht unmittelbar. Die Einheit der Erkenntnis [...] wäre vielmehr ein nur vermittelt, nämlich auf Grund der Einzelerkenntnisse und gewissermaßen durch deren Ausgleich, herstellbarer Zusammenhang, während im Wesen der Wahrheit die Einheit durchaus unvermittelt und direkte Bestimmung ist." (Benjamin I, 1, 210)

Wenn Benjamin Selbstdarstellung als Methode der Wahrheit begreift, paßt dazu, daß sie – im Gegensatz zur Erkenntnis – nicht *erfragbar* ist: „Als Einheit im Sein und nicht als Einheit im Begriff ist die Wahrheit außer aller Frage" (Benjamin I, 1, 210). Benjamin stellt seine Wahrheitstheorie ausdrücklich in den metaphysischen Zusammenhang der platonischen Ideenlehre[2], wie er umgekehrt jegliche Erkenntnistheorie nur auf die *empirische Welt* bezogen sieht. Doch schaut man genauer hin, relativiert Benjamin einige für den Platonismus zentrale Behauptungen, z. B. jene, daß die Ideen der empirischen Welt vorgängig seien und die konkreten Erscheinungen an den Ideen bloß *teilhaben*. Die Ideen verwandeln sich Benjamin zufolge allmählich von *Wirkursachen* der Dinge in deren *Zweckursachen*. So spricht er davon, „daß die empirische [Welt; W. M.] von selber in sie [die Ideenwelt; W. M.] eingeht und in ihr sich löst [...]" (Benjamin I, 1, 212). Damit soll betont werden, daß nicht die Ideen die Erscheinungen – gewissermaßen deduktiv – klassifizieren, sondern die Spontaneität des *Eingehens* in die Ideen dem Empirischen selbst zukomme.

Daß die Ideen und die empirische Welt nun doch auf irgendeine Weise zusammengehen sollen und eben nicht so klar getrennt sind, wie es zunächst den Anschein hatte, ist nicht die einzige Irritation, auf die man stößt. Obwohl die Einheit nämlich unvermittelte Bestimmung der Wahrheit ist, vergleicht Benjamin ihre (Selbst-)Darstellung mit der Einzelteile zusammensetzenden Kunst des Mosaiks und ihrer *mikrologischen Technik*. Ähnlich der Zusammensetzung eines Mosaiks müsse auch die Darstellung der Wahrheit beschaffen sein. Einzig von der Qualität der einzelnen Mosaik-Stückchen hänge die Güte des Gesamtbildes ab. Aufmerksamkeit für die Details bis hin zum Ausblenden, ja Vergessen ihres intendierten Zusammenhangs seien unabdingbar für die Güte des Gesamtbildes.

---

2 Für den Wahrheitsbegriff ist die Ideenlehre zentral, denn Benjamin definiert die Idee als vorgegebenes Sein. „Als Sein gewinnen Wahrheit und Idee jene höchste metaphysische Bedeutung, die das Platonische System ihnen nachdrücklich zuspricht" (Benjamin I, 1, 210). „Die Ideen sind ein Vorgegebenes" (Benjamin I, 1, 210).

Zum einen betont Benjamin also die unvermittelte Einheit der Darstellungsform der Wahrheit, zum anderen vergleicht er sie mit der Kunst des Mosaiks. Wie stimmt eine derartige Diskontinuität mit der postulierten Einheit von Wahrheit zusammen? Die Antwort ist paradox: Diskontinuität ist für Benjamin das Programm, um Kontinuität zu erhalten. Nur wenn philosophische Darstellung durch Diskontinuität bestimmt sei, wenn sie „mit jedem Satze von neuem einzuhalten und anzuheben" (Benjamin I, 1, 209) beginnt, wenn „das Denken stets von neuem an[hebt], umständlich [...] auf die Sache selbst zurück[geht]" (Benjamin I, 1, 208), könne die philosophische Darstellung zum Medium der Selbstdarstellung der Wahrheit werden. Die Kontinuität und unvermittelte Einheit dieser Darstellungsform sei von gänzlich anderer Art als die vermittelte der Erkenntnis, denn Wahrheit sei auf Disparatheit und Diskontinuität geradezu angewiesen. Um sie genauer zu bestimmen, sei aus der Fassung der Vorrede des Apparats zitiert, und zwar eine *Legende*, die Benjamin berichtet, um die *echte Einheit des Wahren* anzudeuten:

Die Legende „handelt von den Steinen, welche den Sinai bedecken. Diese trügen, wie Salomon Maimon berichtet, die Zeichnung eines Blattes (Baumes) eingeprägt, deren sonderbare Natur es sei, alsbald auf jedem Steinstück sich herzustellen, welches abgesprengt von einem großen Blocke sei und so ins Unendliche fort. Die Ideen sind dergleichen Teile der Wahrheit, in welche allein [die] Regel derselben, unversehrt, wenn auch noch so winzig, sich geprägt findet" (Benjamin I, 3, 934).

Die *Einheit im Sein* der Steinchen dieser Legende besteht darin, daß allen die Zeichnung eines Blattes eingeprägt ist, ja daß diese Zeichnung sich sogar auf jedem Stückchen eines zerteilten Blockes erneut herstellt. Wenn Benjamin die Sinai-Steinchen mit den Ideen vergleicht, weist er ihnen denselben Status zu wie den „kapriziösen Teilchen" (Benjamin I, 1, 208), aus denen die Mosaike bestehen. Die Metaphern und Analogien, die Benjamin gewählt hat, um seine Wahrheitstheorie zu bebildern, gehen sicherlich nicht widerspruchsfrei auf. Entsprechen z. B. die Teile eines Mosaiks den Ideen, aus denen sich die Wahrheit *zusammensetzt*, oder sind sie mit den Sinai-Steinchen aus der Legende Salomon Maimons zu vergleichen? Wie stimmen beide Bilder zu den Phänomenen, die allererst durch die Arbeit der Begriffe zu einem Ganzen sich anordnen sollen? Die Unsicherheiten bei der Beantwortung dieser Fragen rühren daher, daß Benjamin den Ideen zu diesem Zeitpunkt nicht nur Substantialität und Urbildcharakter zuschreibt, sondern auch die Charakteristik des Konfigurativen:

„Indem die Rettung der Phänomene vermittels der Ideen sich vollzieht, vollzieht sich die Darstellung der Ideen im Mittel der Empirie. Denn nicht an sich selbst, sondern einzig und allein in einer Zuordnung dinglicher Elemente im Begriff stellen die Ideen sich dar. Und zwar tun sie es als deren Konfiguration." (Benjamin I, 1, 214)

Diesem Zitat ist abzulesen, warum Benjamin die Legende von den Sinai-Steinchen aus der früheren Fassung der Vorrede nicht mehr übernommen hat. Dort war von Konfiguration noch nicht die Rede, und die Ideen waren noch ganz substantiell und in Analogie zum Dinglichen gedacht statt als deren Anordnung. Dafür liefert Benjamin hier einen weiteren Vergleich, nämlich jenen, von dem der Begriff der Konstellation sich herleitet: „Die Ideen verhalten sich zu den Dingen wie die Sternbilder zu den Sternen" (Benjamin I, 1, 214). Und einer der programmatischen Kernsätze der Trauerspielarbeit lautet:

„Die philosophische Geschichte als die Wissenschaft vom Ursprung ist die Form, die da aus den entlegenen Extremen, den scheinbaren Exzessen der Entwicklung die Konfiguration der Idee als der durch die Möglichkeit eines sinnvollen Nebeneinanders solcher Gegensätze gekennzeichneten Totalität heraustreten läßt." (Benjamin I, 1, 227)

Der systematische Ort der Reflexionsfigur der Konstellation ist die Absetzung von der platonischen Ideenlehre in den Punkten der Substantialität bzw. Wesenhaftigkeit der Ideen einerseits und ihrer Vorgängigkeit gegenüber empirischen Phänomenen andererseits. Den Begriff der Konfiguration entwickelt Benjamin nicht nur als räumliche Kategorie, sondern auch als Prozeß der Gestaltbildung, also auf Zeitlichkeit bezogen. Benjamin expliziert diese Dimension mit dem Begriff des *Ursprungs*: Konfigurationen seien zwar räumliche Anordnungen, aber sie seien durch Stillstellung ihrer Elemente entstanden, dadurch daß diese dem Werden *entsprungen* seien, ähnlich einer Gestalt, die sich schließe. Die eigentliche Pointe liegt darin, daß der Subjekt-Objekt-Dualismus insofern aufgelöst wird, als Sprache als Medium der philosophischen Exposition, als Medium der Wahrheit betont wird.

„Benjamin geht es um die aus der Sprache zu gewinnende Erfahrung dessen, was das Trauerspiel ist, um seinen *Ursprung*. Dieses im Titel der Abhandlung gebrauchte Wort bezeichnet für ihn nicht die geschichtliche Herkunft der Gattung, sondern das Moment, in dem sie der Geschichte *entspringt*, das heißt sich ihr entzieht und damit zur Idee wird." (Witte 1985, 57)

Man kann den Kern der Benjaminschen Ideenlehre wie folgt zusammenfassen: Wiedererinnerung verschränkt sich als *Restauration* und *Wiederherstellung* mit der Konstruktion des „Unvollendeten, Unabgeschlossenen" an den Phänomenen. Es gibt allerdings kein Subjekt dieses Prozesses. Die Phänomene stellen sich selbst als konfigurative Anordnung dar. Sie selbst geben die Regel vor – so denkt es Benjamin –, nach der die Konfiguration zu erfolgen hat.

Diese skizzierte Vorstellung einer relativ endgültigen Geschichts- oder Wahrheitskonfiguration wird Benjamin später aufgeben. Die Bilder der *Dialektik im Stillstand* (vgl. Meiffert 1986) werden bewegliche, blitzhaft aufleuchtende Wegmarken im geschichtlichen Prozeß sein. Diese Veränderung kündigt sich hier schon an, und zwar in der Gleichsetzung der aus Ursprungsphänomenen zusammentretenden Ideen-Konfigurationen mit der Monade. Mit diesem Begriff nähert sich Benjamin einer weiteren Bestimmung der *mikrologischen Regel der Wahrheit*:

> „Die Idee ist Monade – das heißt in Kürze: jede Idee enthält das Bild der Welt. Ihrer Darstellung ist zur Aufgabe nichts geringeres gesetzt, als dieses Bild der Welt in seiner Verkürzung zu zeichnen." (Benjamin I, 1, 228)

Der Gedanke, daß in den als Konfiguration gedachten Ideen jeweils die übrige Ideenwelt als Figur mitgegeben ist, erinnert deutlich an die Legende der Sinai-Steinchen. Auch diese waren monadologisch, nach Art eines Hologramms strukturiert, insofern ihnen eine, sich in jedem Bruchstück erneuernde Zeichnung eingeprägt war. Bezogen auf die Ideen verglich Benjamin diese Zeichnung mit der *Regel der Wahrheit*, die in jeder Idee „wenn auch noch so winzig, sich geprägt findet" (Benjamin I, 3, 934). Doch den Ideen-Monaden ist wesentlich, daß ein „Sein [...] mit Vor- und Nachgeschichte in sie eingeht". Als Monaden enthalten die Ideen „das Bild der Welt", doch nicht als fertiges, sondern als ein prozeßhaftes, offenes, unabgeschlossenes. Als Monaden sind die Ideen nicht mehr nur konfigurative Anordnungen von Elementen, sondern sie sind selber wieder bloß Bruchstück, Einzelnes, disparates Detail, dem aber das Bild des Ganzen, die mikrologische Wahrheitsregel, eingeschrieben ist.

Die Erörterung der *erkenntnistheoretischen Schwierigkeiten* führt mich zusammenfassend zu folgendem Resultat: Zunächst einmal ist es plausibel, daß Erkenntnis – im Sinne des Explorierens einzelner Phänomene – in zeitdiagnostischer Hinsicht eine notwendige, aber keine hinreichende Aktivität darstellt. Es kommt wesentlich darauf an, Zusammenhänge herzustellen, und gerade darauf bezieht sich Benjamins Wahrheitsbegriff.

Dazu muß aus meiner Sicht aber nicht zwingend mit der Differenz zwichen *Einheit im Begriff* und *Einheit im Sein* gearbeitet werden. Weiterhin ist es auch nicht zwingend, das Verhältnis von Ideenwelt und empirischer Welt in das Zentrum des methodologischen Rahmens zu stellen. Vielmehr ist es möglich und hinreichend, Substantialität, Urbildcharakter durch Sinnhaftigkeit und Relationalität zu ersetzen. Festzuhalten ist aber an der mikrologischen Technik; also daran, daß der *Wahrheitsgehalt* eines Phänomens sich nur „bei genauester Versenkung in die Einzelheiten des Sachgehaltes" (Benjamin I, 3, 927) erschließe. Festzuhalten ist weiterhin daran, daß es um die Auslegung von Konstellationen (Konfigurationen) geht, die sich dem „Singulärsten und Verschrobensten der Phänomene" (Benjamin I, 1, 227) widmet, um von ihnen aus den Spuren ihrer Vermittlung und Konstitution zu folgen. Diese Übernahme der mikrologischen Technik modifiziert sich jedoch etwas, wenn wir nun eine weitere Etappe und einen weiteren Themenkreis des Denkens Benjamins hinzunehmen.

II. Schwierigkeiten mit dem Subjektivitäts- und Erfahrungsbegriff

Nach der gescheiterten Habilitation 1925 und vor allem nach seiner Moskaureise 1926/27 wurde für Benjamin eine Polarisierung zwischen Judentum (er plante die Übersiedlung zu Scholem nach Palästina) und Marxismus (er plante den Eintritt in die Kommunistische Partei) immer stärker, führte aber zunächst zu einer deutlichen Annäherung an den Marxismus. Literarisches Zeugnis dieser Phase der Politisierung ist *Die Einbahnstraße* (1928). Insbesondere Bertold Brechts Einfluß auf die Veränderung von Benjamins Erfahrungsbegriff darf als beträchtlich angenommen werden. Erfahrungsarmut und Spurenverwischen, die zentralen Themen der Brechtschen Großstadtlyrik, werden in dem 1933 verfaßten Essay *Erfahrung und Armut* und in der *Berliner Kindheit* zu bedeutsamen Motiven. Hat Benjamin in der Vorrede zum Trauerspiel-Buch Mikrologie als Erkenntnis- bzw. Wahrheitstheorie zu formulieren versucht, so liefert sie ihm im Umfeld seiner biographischen und autobiographischen Texte die Folie für eine Theorie der Subjektivität und Erfahrung. Nicht nur Wahrheit, sondern auch Erfahrung würden eine konfigurative Struktur aufweisen. Diese Gemeinsamkeit ist nicht zufällig, sondern in dem Zusammenhang begründet, der für Benjamin zwischen Wahrheit und Erfahrung besteht. Denn eine Auffassung der Wahrheit, die sich von den Kategorien der Substantialität und der Idealität als allen Phänomenen vorgängig verabschiedet, muß Wahrheit im Entstehungsprozeß, in der Geschichte der Phänomene selbst situieren. Wahrheit sei Selbstdarstellung der Phänomene. Personelle Erfahrung werde dadurch mehr als bloß individuell erschlossenes Leben, sie werde konfigurativ, nämlich eingebunden in Zusammenhänge, die übers Individuelle hinausgehen. Wieder ist es die Sphäre des Mikrologischen, des *unendlich Kleinen*, in der das *Vermögen der Phantasie*, als der Fähigkeit, Konfigurationen zu erzeugen, wirkt.

> Das „Vermögen der Phantasie ist die Gabe, im unendlich Kleinen zu interpolieren, jeder Intensität als Extensivem ihre neue, gedrängte Fülle zu erfinden, kurz, jedes Bild zu nehmen, als sei es das des zusammengelegten Fächers, das erst in der Entfaltung Atem holt" (Benjamin IV, 1, 117).

Hier ist es der Fächer, nicht mehr das Mosaik, der verdeutlichen soll, daß jedes Phänomen sich zu einer kleinen Konstellation auseinanderfalten läßt. Die Fähigkeit der Phantasie, Beziehungen zu knüpfen und Ähnlichkeiten herzustellen, bezeichnet Benjamin als *mimetisches Vermögen*. In der Kindheit ist es die treibende Kraft sich bildender Subjektivität. Weit davon entfernt, nur Fähigkeit zur Nachahmung zu sein, ist das mimetische Vermögen gerade dadurch bestimmt, Neues zu erfinden.[3] Das mimetische Vermögen liefert die Bindungsenergie, die die disparaten Details zur Konstellation der Erfahrung zusammentreten läßt und eine personale Biographie strukturiert.

Die Texte im Umkreis der *Berliner Kindheit* beschreiben die Entstehung von Subjektivität und die Gefährdungen, denen dieser Prozeß unterliegt. Andere, zeitgleich entstandene Texte haben die Beschädigungen zum Thema, die der *erwachsenen* Subjektivität bleiben. Sie geben das Gelenk ab, das Benjamins mikrologische Auffassung von Subjektivität mit seiner Geschichtsphilosophie verbindet. Für die konfigurative Gestalt ist einerseits jedes noch so disparate Detail konstitutiv. Doch andererseits ist nicht jedes Einzelne nach Benjamin fähig, mit anderem in eine Konfiguration zu treten.

Diese paradoxe Beziehung ist relativ einfach innerhalb Benjamins Reflexionsfigur aufzulösen. Das Einzelne müsse nämlich ein sogenanntes *Echtheitssiegel* aufweisen. Darunter versteht Benjamin Authentizität, bei-

---

3 So habe die Welt für Kinder ihr eigenes Gesicht: Kinder „bilden [...] die Werke der Erwachsenen weniger nach, als daß sie Stoffe sehr verschiedener Art durch das, was sie im Spiel daraus verfertigen, in eine neue, sprunghafte Beziehung zueinander setzen" (Benjamin IV, 1, 93).

spielsweise das den Sinai-Steinchen eingezeichnete Bild. Eine Konfiguration von Erfahrung ist aus dieser Sicht qualitativ etwas anderes als die quantitative Aneinanderreihung willkürlicher Ereignisse. Das *Echtheitssiegel* enthält immer schon en miniature die ganze Gestalt der Konfiguration. Erfahrung ist somit nicht so sehr auf Wahrheit bezogen, sondern vielmehr auf Authentizität und Wahrhaftigkeit.

Folgenreich ist diese Reflexionsfigur deshalb, weil sie mit der Leitdifferenz authentisch (echt) und nicht-authentisch (unecht) arbeitet; letztlich also doch wieder mit der von wahr und unwahr. Die Redeweise Adornos, daß es kein wahres Leben im falschen gebe, wobei das falsche in einem ursächlichen Zusammenhang mit dem *gesellschaftlichen Verblendungszusammenhang* stehe, hat u. a. in diesem Benjaminschen Erfahrungsbegriff ein Ebenbild. Das Hauptproblem dieser Reflexionsfigur sehe ich in diesen starken normativen Annahmen. Ihr liegt eine Defizithypothese zugrunde. Benjamin argumentiert nämlich wie folgt: Die Negation von Sinn – als Konfiguration verstanden – sei nicht Zusammenhangs- oder Sinnlosigkeit, sondern falscher Zusammenhang, verfehlter Sinn. Erfahrung könne enteignet, verdrängt und unterbrochen werden. Ereignisse würden eben nicht mehr zu einer Konfiguration zusammentreten. Das Subjekt würde sich in ihnen nicht mehr finden, Konstruktion und Anamnesis würden nicht mehr stattfinden bzw. möglich sein, Entfremdung sei das Resultat. Mit anderen Worten: falsche Mimesis sei das Resultat, der ein phantasmagorischer Zusammenhang zugrunde liege. Es handelt sich hierbei nicht mehr um einen Erfahrungszusammenhang im Sinne einer mikrologisch sich bildenden Konfiguration, sondern vielmehr um einen Erlebnis- oder besser Ereignis-*Apparat*. Ereignisse und Erlebnisse hätten nicht zu *echten* Erfahrungen verarbeitet werden können, sie verbleiben sozusagen in einem Erlebnis-Speicher, der an die Stelle von Erfahrung trete.

Was sind das für Erlebnisse bzw. Ereignisse, die in die Erfahrung – als konfigurative mikrologische Anordnung – keinen Eingang finden können und diese ins Unwillkürliche des Verdrängten absinken lassen? Benjamin bestimmt sie als *Chockerlebnisse*, sei es im Umkreis maschineller Produktion und Arbeit; sei es in Gestalt disparater medialer Informationen, die zu keiner erzählbaren Erfahrung zusammentreten können; sei es überhaupt in der Erlebnisstruktur der den schnellen Verkehrsströmen ausgesetzten Bewohner städtischer Metropolen oder seien es gar die Chockerlebnisse des Weltkrieges. All das könne nicht verarbeitet, sondern nur *pariert* werden. In *Erfahrung und Armut* unterscheidet er zwei Arten von *Erfahrungsarmut*. Besteht die eine gerade im Übermaß an kaleidoskopischen Erfahrungsfragmenten (Bruchstücken), die zu keiner *echten* Konfiguration mehr zusammenstimmen, so die andere – positiv bewertete – darin, sich von diesem Erfahrungskaleidoskop zu befreien, um „von Neuem anzufangen; mit Wenigem auszukommen; aus Wenigem heraus zu konstruieren und dabei weder rechts noch links zu blicken" (Benjamin II, 1, 215). Dieses *von Neuem anfangen* gilt ja auch für die philosophische Darstellung, die „mit jedem Satze von neuem einzuhalten und anzuheben" (Benjamin I, 1, 209) hat.

Wenn Erfahrung jedoch zu keiner echten Konfiguration mehr zusammentreten könne, stehe am Ende die beschädigte Subjektivität, die nur Reflex auf die Umstände, aber nicht authentische Individualität sei. Wir kennen die aus dieser Reflexionsfigur folgende Rhetorik aus der nachfolgenden Kritischen Theorie und deren Rezeption in der Erziehungswissenschaft, z. B. in Gestalt von H.-J. Heydorn (1980). Mit unglaublich großer Emphase wird ein Subjektbegriff stilisiert, der über die Funktion, Einspruchsinstanz gegenüber dem falschen Leben zu sein, kaum hinauskommt. Benjamins Position mikrologischer Zeitdiagnose in dieser Entwicklungsphase, also Ende der 20er/Anfang der 30er Jahre, beschreibt Witte aus meiner Sicht sehr treffend. Das Subjekt „habe den Pessimismus zu organisieren und die dialektische Vernichtung der falschen Bilder zu betreiben, aus deren Projektionen der gesellschaftliche Raum sich konstituiert" (Witte 1985, 79).

Diese Form der Ideologiekritik muß durch die Bearbeitung der letzten Schwierigkeit noch etwas differenziert werden. Doch zuvor fasse ich diesen Argumentationsschritt zusammen. Die Erörterung der *Schwierigkeiten mit dem Subjekt- und Erfahrungsbegriff* haben zu folgendem Resultat geführt: Die Echtheits- und Authentizitätsrhetorik auf der Basis von defizittheoretischen Annahmen können als harte normative Prämissen nicht übernommen werden. Wenn Erfahrung als sinnhafte Erfahrung Zusammenhang herstellt, ist deren Negation Zusammenhangslosigkeit und nicht – wie bei Benjamin gedacht – falscher Zusammenhang. Es ist hinreichend, den Prozeß der Erfahrung als Biographisierungsprozeß in Termini der Zusammenhangsbildung zu rekonstruieren. Die Lösung von der Echtheits- und Authentizitätsrhetorik macht den Blick frei für polymorphe Zusammenhangsbildungen, die dann in der Pluralität Eigenständigkeit beanspruchen und die sich dann nicht mehr binär (echt/unecht) codieren lassen. Festzuhalten ist daran, daß personelle Erfahrung mehr als bloß individuell erschlossenes Leben ist. Dadurch daß sie in Zusammenhänge eingebunden wird, die übers Individuelle hinausgehen, wird sie konfigurativ. Konfigurationen, das sei hier nur nebenbei angemerkt, sind nach Benjamin immer narrativierbar; sie lassen sich also erzählen, während fehlgeschlagene Zusammenhangsbildungen Erzählungen sabotieren: Stammeln, Andeutungen und Anspielungen sind dann oft dominierende Muster.[4] Die Programmatik der Mikrologie als rekonstruktive richtet sich – das ist ein weiterer Anknüpfungspunkt – auf die Resultate der mimetischen Aktivität des Subjekts.

Daß der *Erlebnis-Speicher* prinzipiell größer ist als die zu sinnhaften Konfigurationen verarbeiteten Erfahrungen, muß als Konstituens der Moderne, insbesondere der heutigen Informationsgesellschaft angenommen werden. Selektion und Anschlußfähigkeit gewinnen dann eine andere Brisanz. Wenn man die Sinnproblematik in diesem strukturellen Sinne als Problematik versteht, Anschlüsse herzustellen (vgl. Luhmann 1975), dann lassen sich die von Benjamin beschriebenen Phänomene auch zu Recht als Sinnkrisen auslegen.

III. Geschichtsphilosophische Schwierigkeiten

Benjamins Philosophie endet nicht wie die Adornosche in Ästhetik, sondern in Geschichtsphilosophie; und das in der Weise, daß die reale Möglichkeit der Erlösung durch menschliches Handeln gesehen wird. Benjamins „Kritik an der traditionellen Geschichtsphilosophie lautet, daß diese, den Blick fröhlich in die Zukunft gewandt, um die Trümmer hinter ihr sich nicht schert; von der aktuellen Katastrophe nichts weiß" (Tiedemann 1997, 138). Benjamins Intention ist die Rettung des Vergangenen. In der Emigration nahm Benjamin 1934 die Arbeit am 1930 unterbrochenen *Passagenwerk* wieder auf. Ziel ist es, aufzuzeigen, in welcher Weise die Geschichte und die Kunst des 19. Jahrhunderts durch die Grundverfassung der Moderne in ihren Manifestationen entstellt sei. Es gehe darum, „diese Entstellung in seiner historischen Konstruktion aufzuheben und so die Vergangenheit in ihrer gereinigten Form gegen die falschen geschichtlichen Tendenzen der Gegenwart aufzubieten" (Witte 1985, 117). Man sieht also auch hier deutlich den Mechanismus einer Defizithypothese am Werke, man sieht deutlich das von mir bereits weiter oben angesprochene

---

4 In den erzähltheoretischen Grundlagen moderner Biographieforschung sind diese Überlegungen – freilich über andere Begründungszusammenhänge hergeleitet – zu Basisannahmen geworden (vgl. z. B. Kallmeyer/Schütze 1976 sowie 1977).

normative Fundament, wenn Benjamin in immer neuen Variationen fordert, daß es darauf ankomme, das Künftige aus seiner verbildeten Form am Gegenwärtigen zu erkennen und aus ihr zu befreien.

Benjamin ging es im *Passagenwerk* darum, eine Konstellation zu finden bzw. sich darstellen zu lassen, die man am besten mit jener Zahlenkombination vergleicht, die einzig einen Tresor öffnet. Benjamin bezeichnete sie als *Jetzt der Erkennbarkeit* oder als *Konstellation des Erwachens*. Dargestellt werden sollte diese Konstellation „durch die Erweckung eines noch nicht bewußten Wissens vom Gewesenen" (Benjamin V, 1, 571 f.). Es geht dabei nicht um ein verdrängtes Ereignis, sondern um die verdrängte Möglichkeit des Neuen überhaupt. Geschichte erzeuge nach Benjamin, sobald sich in ihr die Struktur des Warenaustausches durchgesetzt habe, das Immergleiche[5], das es gerade zu durchbrechen gelte. Historische Krisensituationen sind für ihn als Vorzeichen für eine revolutionäre Unterbrechung des Immergleichen anzusehen. Daß die Gegenwart als katastrophale Trümmerstätte ohne metaphysischen Sinn gedeutet wird, kann sicherlich durch Verweis auf die Zeitumstände plausibilisiert werden. Die Schrift *Über den Begriff der Geschichte* ist im Frühjahr 1940 nach dem Hitler-Stalin-Pakt verfaßt worden. Insofern scheint es plausibel, daß in dieser Schrift ein scharfes Gericht über den Fortschritt in der Geschichte gehalten wird. Aber man sollte generell vorsichtig sein, Textinterpretationen durch Verweis auf Zeitumstände ersetzen zu wollen. Das gilt insbesondere für diese Schrift, von der Benjamin selbst sagt:

> „Der Krieg und die Konstellation, die ihn mit sich brachte, hat mich dazu geführt, einige Gedanken niederzulegen, von denen ich sagen kann, daß ich sie an die zwanzig Jahre bei mir verwahrt, ja, verwahrt vor mir selbst gehalten habe" (Benjamin I, 3, 1226).

Gelingt in mikrologischer Einstellung die „Vernichtung des herrschenden Ausdruckszusammenhanges und die Herstellung des ursprünglichen Seinszusammenhanges" (Witte 1985, 118), dann kristallisiere sich das Bild der Vergangenheit gleichsam als eine Monade heraus. So lautet die 17. Geschichtsthese:

> „Zum Denken gehört nicht nur die Bewegung der Gedanken sondern ebenso ihre Stillstellung. Wo das Denken in einer von Spannungen gesättigten Konstellation plötzlich einhält, da erteilt es derselben einen Chock, durch den es sich als Monade kristallisiert." (Benjamin I, 2, 702 f.)

---

5 „Im dialektischen Bild ist das Gewesene einer bestimmten Epoche doch immer zugleich das *Von-jeher-Gewesene*" (Benjamin V, 1, 580).

In der erkenntniskritischen Vorrede des Trauerspielbuches waren die Monaden jene Ideen, die das *Bild der Welt*, die mikrologische Wahrheitsregel der Selbstverständigung bzw. Selbstorganisation in sich trugen. Dieses Bild kann – wie erwähnt – kein Abbild im eigentlichen Sinne sein, sondern es ist die immer wieder neue Möglichkeit von Relationalität und konfigurativer Anordnung in Gestalt konstruktiver Anamnesis überhaupt. Geschichtsschreibung, wie Benjamin sie vorschwebt, hat es nicht auf Beschreibung, Analyse und somit Verkettung sogenannter historischer Fakten abgesehen, sondern vielmehr darauf, diese Verkettung aufzusprengen. Historisches Geschehen soll *stillgestellt* werden, um der unterdrückten Vergangenheit ans Licht zu helfen, um sie aus dem „Verlauf der Geschichte herauszusprengen".

> „Er [der historische Materialist; W. M.] nimmt sie [die Monade; W. M.] wahr, um eine bestimmte Epoche aus dem homogenen Verlauf der Geschichte herauszusprengen; so sprengt er ein bestimmtes Leben aus der Epoche, so ein bestimmtes Werk aus dem Lebenswerk. Der Ertrag seines Verfahrens besteht darin, daß *im* Werk das Lebenswerk, *im* Lebenswerk die Epoche und *in* der Epoche der gesamte Geschichtslauf aufbewahrt ist und aufgehoben. Die nahrhafte Frucht des historisch Begriffenen hat die Zeit als den kostbaren, aber des Geschmacks entratenden Samen in ihrem *Innern*." (Benjamin I, 2, 703)

Diese Metapher der Zeit gibt eine Ahnung davon, wie Benjamin sich Geschichte und Erfahrung in Analogie zum Aufbau eines Mosaiks gedacht hat. Ähnlich der mikrologischen Technik zur Erstellung eines Mosaiks gilt es auch, geschichtliche Ereignisse nicht in ihrem Verhältnis zum schon tradierten Bestand der Geschichte zu verstehen, sondern umgekehrt aus den einzelnen Momenten diskontinuierlicher Gegenwarten oder Jetzt-Zeiten „dialektische Bilder im Stillstand" zu konstruieren. Dazu bedarf es des völligen Ausblendens der Intention auf das Geschichtsganze und der vollständigen Versenkung in die Details jeweiliger Jetzt-Zeiten, um in ihnen immer wieder dasselbe zu entdecken, nämlich die verschüttete Möglichkeit des Neuen, des anderen Handelns, der ausgeschlagenen Alternative. Durch die Versenkung in die nicht gewählten Möglichkeiten der Vergangenheit soll diese mikrologische Methode zu dem führen, was Benjamin *Erwachen* nennt.

Enttäuschung über die Linken, über Kommunisten und Sozialdemokratie auf der einen Seite wie auch insbesondere die Moskauer Prozesse auf der anderen Seite bewirkten – wie bei vielen Intellektuellen der damaligen Zeit – erst langsam, dann in den letzten Jahren forciert eine Abwendung vom Marxismus. Insbesondere zeigt sich dies für das *Passagenwerk* darin, daß von einer revolutionären Klasse nicht mehr ausgegangen wird, auf deren Aktion hin die historisch materialistische Analyse des 19. Jahrhunderts ausgerichtet sein könnte (vgl. Witte 1985, 130). In dem Maße, wie Benjamin vom Marxismus abrückt, gelangt seine zweite, sehr frühe biographische Linie zur Dominanz, nämlich das Judentum als Vorstellung des Messianismus. Schon in seiner Studentenzeit hat er Gegenwart als einen Augenblick verstanden, der auf die messianische Zukunft hin gespannt ist, wie bereits in seinem Frühwerk *Das Leben der Studenten* (1915; vgl. Benjamin II, 75 ff.) und auch in seiner Dissertation *Der Begriff der Kunstkritik in der Deutschen Romantik* (1919) zu studieren ist. Breit diskutiert wurde dieser Sachverhalt dann anhand seiner 1928 publizierten, als Habilitationsschrift verfaßten Arbeit *Ursprung des Deutschen Trauerspiels*, indem auf die Bezüge zu Carl Schmitts 1922 erschienenem Werk *Politische Theologie* hingewiesen worden ist. Nach Carl Schmitt „sind alle prägnanten Begriffe der modernen Staatslehre [...] theologische Begriffe" (Schmitt, cit. Witte 1985, 59).[6] Man kommt nicht darum herum, in Benjamins Gesamtwerk die Vorstellung vom Menschen als Objekt der Erlösung sowie die Vorstellung von der grundsätzlichen Offenheit der Geschichte auf ein Eschaton hin als genuin jüdische Motive zu konstatieren (vgl. Kaiser 1975, 74). Über die geschichtsphilosophischen Thesen urteilt beispielsweise Kaiser:

> „Benjamins *Geschichtsphilosophische Thesen* sind ein eschatologisches, messianisches Ereignis. Sie und nur sie sind der wahre Marxismus als wahre Theologie." (Kaiser 1975, 75)

„Benjamin, der historische Materialist, entscheidet sich für das Eingedenken der alten Juden" (Kaiser 1975, 69). Seine Geschichtsphilosophie terminiert in der messianischen Aufhebung der Geschichte. Und das ist sicherlich die größte Rezeptionsbarriere.

Die Erörterung der *geschichtsphilosophischen Schwierigkeiten* führten zu folgendem Ergebnis: Übernommen werden kann die Fortschrittskritik des späten Benjamin, die darin besteht, daß Fortschritt nicht „in einer unendlichen Perfektibilität des Menschen gründet" (Kaiser 1975, 61). Er

---

6 Bernd Witte läßt sich in seiner Benjamin-Biographie zu der Einschätzung hinreißen: „Die Identität des methodischen Vorgehens zwischen dem Theoretiker der Diktatur und dem von der Notwendigkeit einer Revolution überzeugten Kritiker beweist, wie sehr rechte und linke Intellektuelle in der Weimarer Republik sich einig waren in der Ablehnung der säkularisierenden und egalisierenden Tendenzen, die einer bürgerlichen Demokratie inhärent sind" (Witte 1985, 59).

wendet sich gegen ein unterstelltes Sinnkontinuum der Geschichte. Daß zeitdiagnostisches Denken das Denken der von Spannungen gesättigten Konstellation ist, ist von Benjamin zu lernen. Es ist allerdings aus der eschatologischen Ummantelung zu befreien. Das bedeutet dann aber – und das ist sicherlich der schwierigste Punkt meines Unterfangens – die geschichtsphilosophischen Thesen gegen den Strich zu bürsten.

IV. Schlußbemerkung

Mein Ziel in dieser Arbeit war es zum einen, den Status von Mikrologie im Hinblick auf den methodologischen Status des Biographiekonzeptes zu erörtern. Es dürfte deutlich geworden sein, daß aus meiner Sicht wegen der ausgeführten drei Problembereiche ein kontinuierliches Anknüpfen an Benjamin in begründungstheoretischer Absicht nicht möglich ist. Am schwersten wiegen die subjekt- und geschichtsphilosophischen Hypotheken, die sich moderne erziehungswissenschaftliche Biographieforschung nicht aufbürden kann, und zwar vor allem wegen der bei Benjamin nachgewiesenen defizittheoretischen Einstellung. Daß eine solche Haltung nicht übernommen werden kann, liegt sicherlich auch in der Herkunft moderner Biographieforschung aus dem interpretativen Paradigma, innerhalb dessen deskriptive Zugänge, beispielsweise in Form von ethnographischen Methoden, eine neue Renaissance erfahren haben. Solche Zugänge arbeiten in der Regel mit differenztheoretischen Grundhaltungen. Doch folgt daraus, daß die hier in methodologischer Perspektive vorgelegte Relektüre der Schriften Walter Benjamins überflüssig ist? Ich glaube das nicht. Das zweite Ziel dieser Arbeit bestand ja darin, zu prüfen, ob das mikrologische Verfahren als konstellatives Denken sich zu einer Methode bildet. Hier ist deutlich geworden, daß der sich hierauf beziehende erkenntnistheoretische Gehalt der Konstellation, wie ihn beispielsweise Th. W. Adorno im Nachwort seiner *Ästhetischen Theorie* (vgl. Adorno 1970, 541f.) charakterisiert, verknüpft mit dem Primat des Individuellen, aus meiner Sicht für eine methodologische Fundierung des Biographiekonzepts zentral ist. Insofern gehört Walter Benjamin doch in die Reihe der Grundlagenklassiker moderner erziehungswissenschaftlicher Biographieforschung.

Literatur

Adorno, Th. W., 1970, *Ästhetische Theorie*, in: ders., *Gesammelte Schriften*, Bd. 7, Frankfurt/M.

Benjamin, W., *Gesammelte Schriften*. Unter Mitwirkung v. Th. W. Adorno u. G. Scholem hg. v. R. Tiedemann u. H. Schweppenhäuser, Frankfurt/M. 1974 ff. (zit. nach Bandnummer als römische u. Teilbandnummer als arabische Ziffer)

Bourdieu, P., 1979, *Entwurf einer Theorie der Praxis*, Frankfurt/M.

Bulthaup, P. (Hg.), 1975, *Materialien zu Benjamins Thesen „Über den Begriff der Geschichte"*, Frankfurt/M.

Fischer, W./Kohli, M., 1987, „Biographieforschung", in: Voges, W. (Hg.), *Methoden der Biographie- und Lebenslaufforschung*, Opladen, S. 25-49

Flitner, W., 1957/66, „Das Selbstverständnis der Erziehungswissenschaft in der Gegenwart", in: ders., *Gesammelte Schriften*, Bd. 3, Paderborn, S. 310-349

Flitner, W., 1976, „Rückschau auf die Pädagogik in futurischer Absicht", in: ders., *Gesammelte Schriften*, Bd. 3, Paderborn, S. 487-498

Hermanns, H. u. a., 1984, *Berufsverlauf von Ingenieuren. Biographieanalytische Auswertung narrativer Interviews*, Frankfurt/M., New York

Heydorn, H.-J., 1980, „Zu einer Neufassung des Bildungsbegriffs", in: ders., *Bildungstheoretische Schriften*, Bd. 3, Frankfurt/M., S. 95-184

Kaiser, G., 1975, „Walter Benjamins *Geschichtsphilosophische Thesen*", in: Bulthaup 1975, S. 43-76.

Kallmeyer, W./Schütze, F., 1976, „Konversationsanalyse", in: *Studium Linguistik* 1/1976, S. 1-28

Kallmeyer, W./Schütze, F., 1977, „Zur Konstitution von Kommunikationsschemata der Sachverhaltsdarstellung", in: Wegner, D. (Hg.), *Gesprächsanalyse*, (IKP – Forschungsberichte, Reihe 1), Hamburg, S. 151-274

Krüger, H.-H./Marotzki, W. (Hg.), ²1996, *Erziehungswissenschaftliche Biographieforschung*, Opladen

Luhmann, N., 1975, „Über die Funktion der Negation in sinnkonstituierenden Systemen", in: Weinrich, H. (Hg.), *Positionen der Negativität*, München, S. 201-218

Marotzki, W., 1991, „Ideengeschichtliche und programmatische Dimensionen pädagogischer Biographieforschung", in: Hoffmann, D./ Heid, H. (Hg.), *Bilanzierungen erziehungswissenschaftlicher Theorieentwicklung: Erfolgskontrolle durch Wissenschaftsforschung*, Weinheim, S. 81-110

Meiffert, T., 1986, *Die enteignete Erfahrung. Zu Walter Benjamins Konzept einer „Dialektik im Stillstand"*, Hamburg

Tiedemann, R., 1973, *Studien zur Philosophie Walter Benjamins*, Frankfurt/M.

Witte, B., 1985, *Walter Benjamin*, Reinbek

Jürgen-Eckardt Pleines

Neuzeitliche Bildung
zwischen Wissenschaft und Metaphysik

> Meiner Meinung nach wirst du doch wohl zugeben, daß von Seiendem immer in bezug auf es selbst und im Verhältnis zu anderen gesprochen wird.
>
> Plato, *Sophistes*, 255c

Explikation des Themas

Man mag sich fragen, ob es sinnvoll ist, von der Philosophie einen festen Standpunkt zu erwarten, an dem man unter allen Umständen festhalten müsse. In diesem Sinne spricht noch heute der Schwabe mit Stolz von seinem Standpunkt – eine Redeweise, der freilich Hegel aus ganz anderen Gründen mißtraute. Deshalb hatte er auch bei der Redewendung „Standpunkt der Bildung" einen leicht bitteren Beigeschmack auf der Zunge. Überträgt man dieses Bedenken auf die gegenwärtige Situation in der Bildungsforschung und Schulpolitik, dann könnte man davor bewahrt werden, von der Bildungstheorie zu viel zu erwarten. Immerhin zollte das erwachende Bildungsprinzip einen hohen Tribut an seinen Zeitgeist, und es erweckte in vielen falsche Hoffnung auf Vermittlung oder auf Versöhnung. Sehen wir deshalb genauer zu, wie belastbar der Begriff der Bildung vor dem Richtstuhl historischer und systematischer Vernunft ist, bevor wir womöglich einer Ideologie aufsitzen, die mehr verspricht, als sie formal und material zu leisten imstande ist.

Das vorangestellte Thema des Vortrags legt den Verdacht nahe, die Bildungstheorie sei unvermerkt zwischen zwei Stühle geraten, nachdem sie sich einerseits mit der Wissenschaft und andererseits mit der Metaphysik angelegt hatte. Deshalb genieße sie weder bei der Wissenschaft noch bei der Metaphysik Wohnrecht. Es wird zu zeigen sein, daß dies nicht der Fall ist. Wohl aber soll im folgenden auf eine Spannung innerhalb moderner Bildungstheorien hingewiesen werden, die nur verständlich wird, wenn man von einem unversöhnten Widerstreit zwischen dem Standpunkt der Wissenschaft und spekulativem Denken ausgeht, nachdem alle Metaphysik in Mißkredit geraten war. Schon Kant hatte diese aufbrechende Kluft zwischen beiden Positionen seiner Zeit entsprechend treffend charakterisiert, als er in seinen *Vorlesungen über Metaphysik* zu bedenken gab, Weisheit ohne Wissenschaft sei der „Schattenriß einer Vollkommenheit, zu der wir nie gelangen werden".[1] Auf der anderen Seite warnte er die Wissenschaft ebenso eindringlich davor, sich von aller Spekulation loszusagen, als gehörten metaphysische Fragen nicht zum Geschäft wissenschaftlicher Forschung und aufgeklärten Denkens.

Doch Kants Warnung blieb weitgehend ungehört. Wer spricht heute noch von Metaphysik, wenn von theoretischer oder von praktischer Bildung die Rede ist? Schließen sich beim heutigen Stand des Wissens auf theoretischem, praktischem und poietischem Gebiet nicht wissenschaftliche Kritik und Metaphysik wechselseitig aus? Was erwartet schon ein ausgebildeter Wissenschaftler unserer Tage von der Metaphysik, die für alle Fehler und Irrungen innerhalb der neuzeitlichen Wissenschaftslehre und Philosophie verantwortlich gemacht wird? So gesehen, schließen sich beim heutigen Stand des öffentlichen Bewußtseins wissenschaftliche Bildung und Metaphysik wechselseitig aus. Dabei wird der Standpunkt der Wissenschaft auf Rationalität verpflichtet, und die Metaphysik wird dem Irrationalen oder der Mystik zugeschlagen.

Doch die Gleichsetzung von Wissenschaft mit Rationalität und die gegenläufige Gleichsetzung von Metaphysik mit dem Irrationalen geht rückblickend auf die Ursprünge metaphysischen Denkens schon bei der Interpretation vorsokratischer Fragmente so wenig auf wie bei der Analyse Platonischer oder Aristotelischer Texte. Deshalb fragt sich heute im Vergleich mit älteren Traditionen, ob wir uns heute nicht bei einem weiteren Verständnis von Wissenschaft und Wahrheit genötigt sehen, ohne Beeinträchtigung wissenschaftlicher Strenge und ohne Verlust an Objektivität Fragen der anfänglichen Metaphysik zu wiederholen. Die Aufgabe der Metaphysik und einer sie reflektierenden Bildung bestünde dann nochmals im Sinne von Kant darin, das derzeitige Wissen über die natürliche und sittliche Welt in sich schlüssig darzustellen. In diesem Fall hät-

---

1 Kant, *Vorlesungen über Metaphysik*, S. 7.

ten Metaphysik und Bildung die Pflicht, das gegenwärtige Wissen hinsichtlich seiner Möglichkeiten und Grenzen über sich aufzuklären und im Zusammenhang gegliedert zu entwickeln. Und eben diese Aufgabe fiel der Bildungstheorie innerhalb der nachkantischen, spekulativen Philosophie nach Form, Inhalt und Prinzip gleichermaßen zu.

Wenn man den „Standpunkt der Bildung" solchermaßen als den denkenden Auftrag von Wissenschaft und Metaphysik begreift, dann gemahnt uns das idealistische Erbe der neuzeitlichen Philosophie daran, im Zusammenhang der Wissenschaft metaphysische Fragen außerordentlich ernstzunehmen. Umgekehrt ist die philosophische Bildung allemal gehalten, metaphysische Urteile mit Blick auf den jeweiligen Kenntnisstand in den Wissenschaften zu fällen. Das bewahrt uns einerseits vor einem fahrlässigen Umgang mit der Metaphysik, der inzwischen fast zur Regel geworden ist. Auf der anderen Seite läßt man sich nicht von jenen neuerlich auftretenden Propheten verleiten, die im Namen einer Weltanschauung oder einer Lebensphilosophie in metaphysischem Gewand von etwas reden, das sich aller rationalen Kritik entzieht. Das geschieht vornehmlich dann, wenn von okkulten Kräften oder gar von fremden Mächten gesprochen wird, die sich – als Sein oder als Absolutes verkleidet – allem menschlichen Wissen und Wollen, aller Vernunft, entziehen sollen.

Eingedenk der vermittelnden Stellung des philosophischen Bildungsprinzips wird der nachfolgende Gedanke in drei aufeinander folgenden Schritten begrifflich entwickelt:

(1) Philosophische Reflexion als Ursprung und Prinzip von Wissenschaft und Metaphysik,
(2) wissenschaftliche Erkenntnis und deren Einfluß auf Inhalt und Struktur theoretischer und praktischer Bildung,
(3) Bildung als Vermittlung von Wissenschaft und Metaphysik.

I. Philosophische Reflexion als Ursprung und Prinzip von Wissenschaft und Metaphysik

Wenn man nach der Herkunft der Wissenschaft im Abendland und nach deren leitenden Ideen fragt, ist man sehr bald auf die vorsokratischen Denker im milesischen und ionischen Raum verwiesen. Aristoteles nannte sie bezeichnenderweise φυσιόλογοι, Naturkundler. Dabei ist es bis heute nicht ausgemacht, in welchem Verhältnis seine eigene Naturlehre zu jenen spekulativen Schriften stand, die später als metaphysisch bezeichnet wurden. Diesen ersten Philosophen im Abendland wurden z. T. ungewöhnliche Kenntnisse über die Natur, ja sogar erste methodische Untersuchungen über sie zugeschrieben. Sie waren demnach Philosophen und Wissenschaftler zugleich, ohne daß beide Funktionen voneinander geschieden wurden. Von diesen Physiologen, die ihr Geschäft auf philosophische Weise betrieben, sind bekanntlich nur wenige Fragmente und Testimonien erhalten.[2] Die dürftige Quellenlage und vielfach dunkle Überlieferung dieser Bruchstücke lassen denn auch keine gesicherten Schlüsse über deren systematische Inhalte im Zusammenhang zu. Man kann sich jedoch die exegetische Ausgangslage wenigstens anhand von Fragen klarmachen, die vorerst keine Antwort finden:

Was meinten jene Physiologen des Anfangs, als sie mit Thales verschiedene Elemente als Ursache (ἀρχαί) alles Seienden annahmen? Hatten sie wirklich, wie Aristoteles behauptete, an Stoffe (ὕλη) und an deren Verbindungen gedacht, zu denen ein formgebendes Moment nach Art eines belebenden Prinzips (ψυχή) oder einer Idee (εἶδος) hinzukommen mußte, wenn der Gegenstand in sich (αὐτάρκης) begriffen werden sollte? Wie konnte Anaximander annehmen, daß ausgerechnet das Unbegrenzte, das ἄπειρον, das Grundprinzip alles Seienden sei, wo doch die Erfahrung lehrt, daß es alle Erkenntnis mit Dingen zu tun hat, die als Gestalt (μορφή, σχῆμα) oder als zielgerechte (τέλος) Bewegung eine Grenze an sich haben?

Die wenigen, oftmals nicht einmal gesicherten Fragmente geben auf diese Fragen keine befriedigenden Antworten. Und selbst in den Fällen, in denen wir annehmen, daß die Überlieferung gesicherter sei, stellen sich gelegentlich Zweifel ein, ob die Tradition und ob wir den ursprünglichen Gedanken recht verstehen. Was soll unter dem Sein (ὄν) bei Parmenides gedacht werden, dem das Nichtsein (μὴ ὄν) entgegengesetzt wurde? Immerhin bereitet uns schon die Übersetzung der Worte ὄν oder εἶναι in die heutige Form des Redens und Denkens große Schwierigkeiten. Oder wie hängen Bewegungen (κίνησις) und Widerspruch (ἀντίφασις) bei Heraklit zusammen? Und müssen beide Bestimmungen als Gegenposition zu der Annahme eines einheitlichen und unwandelbaren Seins bei Parmenides gedacht werden? Waren Leukipp und Demokrit in dem uns geläufigen Sinne wirklich Atomisten, so daß sie zurecht der Vorwurf träfe,

---

2 Vgl. Diels/Kranz [14]1969.

die natürliche und sittliche Welt in lauter unteilbare und leblose Partikel zerlegt zu haben?

Indem wir so fragen, stellt sich bald der Zweifel ein, ob und in welchem Sinne die sogenannten Vorsokratiker Wissenschaftler waren. Diese Frage stellte sich vor allem, nachdem bekannt geworden war, daß die Griechen einen großen Teil ihrer wissenschaftlichen Kenntnisse von älteren Kulturen übernahmen, mit denen sie schon früh Handel trieben. Unter der Voraussetzung, daß die Griechen die Wissenschaften nicht erfanden, aber konsequent nach deren vernunftgemäßer Begründung gefragt hatten, macht es Sinn zu behaupten, die φυσιόλογοι seien als Philosophen die ersten Didaktiker der Naturwissenschaften gewesen. Daß aber zu jener Zeit im ionischen und milesischen Raum überhaupt das Bedürfnis erwachte, nach der Begründung weitgehend übernommener und tradierter wissenschaftlicher Erkenntnisse zu forschen, hatte wahrscheinlich einen recht äußerlich Grund. Im erwachenden Griechenland der Aufklärung gab es nach der Vorherrschaft der Priester und Dichter keinen gemeinsamen Ort und keinen beruflichen Stand mehr, der für die Sammlung und Weitergabe von Wissen verantwortlich zeichnete. Zudem hatten sich die Mathematik und Kosmologie ebenso wie die Medizin oder Rechtsprechung längst von der Vormundschaft priesterlicher Kasten und geheimer Zirkel gelöst.

Die Kenntnisse über die natürliche und sittliche Welt standen deshalb jedermann offen, und sie mußten im Interesse der Bildung des Volkes so gelehrt werden, daß deren maßgebliche Gesetze und Prinzipien auf allgemeine Weise in sich verständlich wurden. Auf diesem Weg verbanden sich fortan im griechischen Denken und im öffentlichen Bewußtsein wissenschaftliche Neugier mit einem ebenso ernstgenommenen Bestreben, Wissen auf vernunftgemäße Gründe zurückzuführen. Deshalb gehört es seit den Griechen zu den wesentlichen Aufgaben aller wissenschaftlichen Philosophie und Bildung im Abendland, die unterschiedlichen Formen des Wissens und deren mögliche Begründungen vor dem Standpunkt gemeinsamer Vernunft begrifflich artikuliert zur Darstellung zu bringen. Mit anderen Worten: Fortan interpretierten sich ἐπιστήμη und λόγος wechselseitig, ohne daß einem der beiden die Herrschaft zugewiesen wurde.

Freilich taucht das Wort ἐπιστήμη in den tradierten Fragmenten in der uns vertrauten Lesart kaum auf. Das mag Zufall sein, aber es spricht vieles dafür, daß die erwachende Philosophie in ihrer Auseinandersetzung mit der mythischen Weltinterpretation ein anderes Interesse an natürlichen und sittlichen Phänomenen hatte, als wir es heute haben, wenn wir von Wissenschaft reden. Und als die ἐπιστήμη schließlich bei Plato und Aristoteles eine greifbare Form annahm, zeigte sie sich uns in einem ungewöhnlichen Zwielicht.

Der Platonische *Menon*[3] entwickelt bekanntlich das Prinzip der Wissenschaft an der, gegen die Sophisten gerichteten Frage, ob Tugendwissen – also ἀρετή – lehr- und lernbar sei. Was hat ausgerechnet diese Frage mit Wissenschaft zu tun – sind wir doch alle inzwischen der Meinung, dem Handeln der Menschen sei weder mit wissenschaftlichen Argumenten noch mit Vernunftgründen beizukommen? Einen für uns eher verläßlichen Boden finden wir bei Aristoteles, wenn er in der *Nikomachischen Ethik* zwischen den Argumenten λογιστικόν und ἐπιστημονικόν unterscheidet.[4] Danach hatte es die theoretische Philosophie in wissenschaftlicher Weise mit dem Unwandelbaren zu tun, wohingegen Gegenstand der praktischen und poietischen Philosophie das dem Wandel unterworfene Handeln der Menschen sei. Diesem Wissen um das Tunliche, um das Gerechte oder um das Gute werden zwar im modernen Verstand nicht einfach die Gründe der Vernunft abgeschrieben, aber sie beugen sich nach Aristotelischer Auffassung nicht einem streng wissenschaftlichen Beweis.

Auffallend ist noch in dieser Argumentation, in welchem Maße sich die Philosophie ursprünglich auf die bereits unterschiedenen Wissenschaften verwiesen wußte. Dabei fand der Vorzug einer der Wissenschaften seinen Niederschlag auch in der Art des Philosophierens. Es war gewiß kein Zufall, daß sich die Platonische Ideenlehre vorrangig an der Mathematik orientierte, wohingegen für Aristoteles die φύσις, die in sich bewegte und belebte Natur, der höchste Gegenstand seines Interesses war. Diesem Unterschied entsprach ein jeweils anderes Verständnis von Wissenschaft und Metaphysik, wodurch freilich die ehemals enge Beziehung zwischen philosophischem Denken und wissenschaftlicher Betrachtung des Seienden niemals gefährdet oder angezweifelt wurde. Der Philosoph war jedenfalls weder Mythologe noch Theologe im modernen Verstand. Er war im bezeichneten, anfänglichen Sinne Wissenschaftler und der Wissenschaftler war, wenn er seiner Aufgabe in vollem Umfang gerecht werden wollte, im bezeichneten Sinne Philosoph oder Metaphysiker.

Wenn demnach Plato und Aristoteles gegen den Hang sophistischen Räsonierens den Standpunkt der Wissenschaft auf dialektische, bzw. auf

---

3   Vgl. Plato, *Menon*, 96 c ff.
4   Aristoteles, *Nikomachische Ethik*, 1139 a 4 ff; vgl. Plato, *Politeia*, 443 d.

metaphysische Weise entwickelten, dann geschah dies in der Einsicht, daß Philosophie und Wissenschaft darin übereinkommen, daß sie die Frage nach dem Grund von Wissen rückhaltlos und radikal zu stellen haben. Und dies war nicht nur zu jener Zeit ein schwieriges Unterfangen, wenn man bei dieser Gelegenheit nur an die Klage eines Heraklit erinnerte, die Menschen verhielten sich gemeinhin so, als hätten sie alle einen eigenen λόγος.[5] Denn die Frage nach einem letzten, unzweifelhaften und verläßlichen Grund von Wissen reflektierte von Anfang an auf den Schiedsspruch der Vernunft; und vor diesem Forum waren nur Erklärungen und Erwägungen zugelassen, die sich selbst genügten und die keiner Unterstützung von außen bedurften. Dies aber sollte der Standpunkt sein, der alle künftige transzendentale, kritische und spekulative Philosophie durchgehend prägen sollte. Dabei sollte die Vernunft als Grundlage aller wissenschaftlichen und philosophischen Urteile nach Form und Inhalt durchaus verschiedene Gestalten annehmen.

II. Wissenschaftliche Erkenntnis und deren Einfluß auf Inhalt und Struktur theoretischer und praktischer Bildung

Das zeigte sich bereits im Übergang von der vorsokratischen Natur- und Sittenlehre eines Thales, eines Parmenides oder Heraklit, eines Anaxagoras oder eines Demokrit zu Plato und Aristoteles. Sie alle teilten – wenngleich auf unterschiedliche Weise – den Standpunkt der Vernunft, bis sie Plato wohl ein erstes Mal auf das Prinzip der Dialektik verpflichtete. Nicht anders verhielt es sich mit den Bemühungen eines Aristoteles, der seinerseits versuchte, das gedankliche und begriffliche Konzept des *Sophistes* in ein Wissen μετὰ τα φυσικά zu überführen. Die Aufgabe dessen, was später Metaphysik genannt werden sollte, bestand also allemal darin, die unterschiedlichen Formen des Wissens sowie deren Regeln und Prinzipien in sich geschlossen darzustellen, um sie vor Täuschung und Irrtum zu bewahren. Denn erst das Wissen um den wahren Grund und das Zusammenspiel unterschiedlicher Gründe machte das erkannte Wissen auch immun gegen den drohenden Relativismus und Skeptizismus jener Tage.

Die nämliche Gefahr sah schon Plato im Rückblick auf das bereits erkannte Widerspiel von δόξα und ἐπιστήμη, von öffentlicher Meinung und prüfender Wissenschaft, in aller begrifflich artikulierten Rede. Da-

---

5 Vgl. Heraklit, in: Diels/Kranz, 22 B 2 (nach Sextus Empiricus).

nach berief sich das anfänglich erscheinenden Wissen ebenso wie der bildhafte Mythos zumeist auf die unmittelbare Sinnlichkeit, auf die alltägliche Erfahrung oder auf die Schlüsse, die verstandesmäßig aus ihr gezogen wurden. Die δόξα bestand also dem Prinzip nach auf Annahmen der sinnlichen Wahrnehmung, der mythischen Tradition und der alltäglichen Erfahrung. Ihr stand das Wissen der ἐπιστήμη gegenüber, das gelernt hatte, den sinnlichen Erscheinungen ebenso wie der öffentlichen Meinung und der Lehrtradition zu mißtrauen, und das nun versuchte, der Sache vernunftgemäß auf den Grund (αἰτία) zu gehen, um die Wahrheit (ἀλήθεια) herauszufinden.

Doch was hat diese philosophiegeschichtliche Reminiszenz mit dem neuzeitlichen Bildungsprinzip zu tun, und inwiefern könnte jene frühe Bestimmung von Wissenschaft noch heute von Bedeutung sein? Die Antwort fällt schon deshalb schwer, weil wir offenbar unter Wissenschaft seit der anbrechenden Neuzeit etwas anderes verstehen als die Griechen. Und doch hatte Hegel seine Zeit und Situation mit der Aufklärung im griechischen Denken verglichen, wobei er aus guten Gründen den Gedanken der Bildung als Vergleichsbasis in die Überlegungen einbezog. Immerhin hatte Aristophanes behauptet, daß die Griechen ihre anfängliche Bildung und Erziehung der Dichtung Homers verdankten und daß die dort angebahnte Auseinandersetzung mit dem alten, naiven Götterglauben die neuere, wesentlich kritische Philosophie auf den Plan gerufen habe.[6] Eine ähnliche Entwicklung glaubte übrigens noch Werner Jaeger in seiner Abhandlung wahrzunehmen: *Paideia. Die Formung des griechischen Menschen.*

Das nämliche Urteil eines Aristophanes wurde noch dadurch ergänzt und verstärkt, daß es ausgerechnet die vielgeschmähten Sophisten waren, die den Bürgern Athens das Bildungswissen jener Zeit vermittelten. Aus diesem Grund sah sich Platon denn auch veranlaßt, gegen den sich ausbreitenden Relativismus und Skeptizismus die Dialektik (διαλεκτικὴ ἐπιστήμη) zu entwickeln. Deren Aufgabe bestand, wie gezeigt, darin, sich in grundlegender Absicht mit der doppeldeutigen und schwankenden δόξα seiner Zeit zu befassen.[7] Deshalb ist auch in dieser Hinsicht Jaeger zuzustimmen, daß er die Sophisten rückblickend als ein „bildungsgeschichtliches Phänomen" einschätzte, dessen Einfluß auf die nachfolgenden Gestalten abendländischen Denkens kaum zu übersehen ist.[8]

---

6 Vgl. Xenophanes, in: Diels/Kranz, 21 B 10 u. B 11.
7 Vgl. Plato, *Sophistes*, 253 d; *Phaedros*, 276 e, oder *Politeia*, 477 e.
8 Jaeger [4]1959, Bd. 1, S. 346 ff.

Angesichts der anhaltenden Doppeldeutigkeit aller alltäglichen Erfahrung, der öffentlichen Meinung und der verschiedenen Lehrtraditionen, die schon Plato und Aristoteles vor Augen hatten, machte es also keinen Sinn, den Widerstreit zwischen der δόξα und der ἐπιστήμη auf das neuzeitliche Bildungswissen zu übertragen, das sich im Zuge der Aufklärung zu einem eigenen Wissensprinzip verdichtet hatte. Dafür sprach nicht zuletzt die Tatsache, daß sich die neuzeitliche Aufklärung mit durchaus vergleichbaren Strukturproblemen befaßt sah. Denn die neuzeitliche Philosophie und Wissenschaftslehre hatte sich ebenfalls bald mit Weltanschauungslehren auseinanderzusetzen, die vielfach das Licht der Öffentlichkeit scheuten, oder die einer prüfenden Bewährung vor dem Standpunkt wissenschaftlicher Vernunft nicht standhielten. Zu diesen verstockten Lehrmeinungen wurden allerdings sehr bald alle Formen von Metaphysik gerechnet, nachdem sie in den vielfach nicht unbegründeten Verdacht geraten waren, dem Fortschritt der Wissenschaft auf allen Gebieten des Wissens im Wege zu stehen.

Aus dem nämlichen Grund verzichtete man in der beginnenden Neuzeit im Namen vorurteilsloser Forschung und aufgeklärter Bildung vorerst auf alle metaphysischen, ontologischen wie teleologischen Fragen, die entweder befangen oder hybrid erschienen. Eine gewisse Wende bahnte sich an, als Kant den Beweis dafür erbracht hatte, daß die erklärende Wissenschaft bei einer sachgerechten Beurteilung ihrer Phänomene sehr wohl der Metaphysik bedürfe – freilich einer Metaphysik, deren Aufgabe er darin sah, das erkannte Wissen nach Prinzipien geordnet in sich zu begründen, wozu allemal die Ideen der Vernunft unverzichtbar waren. Auf diese Weise hielt sich die Transzendentalphilosophie Kantischer Prägung ebenso wie die sie vollendende Philosophie des objektiven Idealismus weiterhin in der Spannung von Wissenschaft und Metaphysik, auf die schon Aristoteles aufmerksam gemacht hatte. Denn dieser hatte angesichts der unterschiedlichen Wissenschaften die Frage gestellt, nach welchen Prinzipien sich Wissen immanent organisiert und wie dieses Wissen im Zusammenhang dargestellt werden könnte. Von der gleichen Frage infiziert wurde daher die neuzeitliche Bildungstheorie nochmals spekulativ, ohne anfangs ihre eigene, zwiespältige Situation zu durchschauen.

Auf jeden Fall schickte sich die Idee der Bildung im Verein mit der vormaligen cultura animi oder der inward form an, ohne ein natürliches oder heilsgeschichtliches Gesamttelos individuelle Geschichte zu schreiben. Ihr entsprach die neuzeitliche Vorstellung eines frei denkenden, urteilenden und handelnden Subjekts. In der philosophischen Theorie entwickelte sich deshalb aus dem anfangs naturgebundenen nisus formativus ein sittlicher und kultureller Bildungstrieb, der für sich selbst aufkam und der sich die Welt zum theoretischen, praktischen und poietischen Objekt machte. Dieses entfremdete Objekt galt es in der Erkenntnis anzueignen, vermittels der Kunst zu gestalten und technisch zu beherrschen. Auf diese Weise war selbst für die Naturphilosophie der metaphysische Gedanke der inneren Zweckmäßigkeit wieder akzeptabel geworden. Die erwachende Philosophie des Geistes hatte dagegen eine eigene Geschichte und damit eine Vernunft entdeckt, die sich redend, denkend und handelnd in der Welt zu verwirklichen gedachte, um dann ganz bei sich zu sein. Was aus diesem Grund in der laizistischen Verfassung der bürgerlichen Gesellschaft bald allein zählte, war der Wert der Bildung. Dabei umfaßte dieses Wort sowohl deren immanenten Werdegang als auch deren Objektivationen in Recht, Kunst und Wissenschaft. Das Prinzip der Bildung avancierte auf diesem Weg im Zeitalter der Aufklärung zur Metaphysik einer Subjektivität, die in der Natur als „Leben" und in der Moral als „Selbstzweck" auf der Basis reflektierender Urteilskraft über sich selbst zu befinden hatte.[9]

Diesem Bedürfnis nach Selbstverständigung entsprach seitens der Philosophie die rückhaltlose Frage nach einem verläßlichen Grund von Wissen, die seit den Griechen das abendländische Denken unter Einschluß der Wissenschaften beschäftigte. Dabei zeigten sich schon in den Anfängen des Philosophierens je nach Gegenstand und Struktur unterschiedliche Formen des Wissens, denen die Metaphysik Rechnung zu tragen hatte. Da lag es nahe, das begriffliche Wissen nicht nur nach Seinsbereichen zu differenzieren, sondern es nach unterschiedlichen Gliederungs- und Aufbauprinzipien entwickelnd darzustellen. Bei dieser Gelegenheit lernte die kritische Philosophie, der Begründungsstruktur nach zwischen den ordnenden Kategorien des Verstandes und jenen Vernunftideen zu unterscheiden, die bekanntlich Plato schon in seiner sogenannten Ideenlehre als letztmöglichen Grund des Wissens über alles Seiende konsequent zur Geltung brachte. An diese Differenz knüpfte bekanntlich Aristoteles an, indem er untersuchte, wie denn logosgemäß über das Sein der Dinge μετά τα φυσικά zu sprechen wäre, wenn man sich nicht mit der Antwort derer zufrieden gab, die das Seiende nach Maßgabe seiner Teilhabe an den Ideen beurteilte.

Folgt man in rechter Einschätzung der eigenen Situation diesem Aufriß des Gedankens, dann resultiert die Metaphysik von Anfang an aus einem

---

9 Vgl. Pleines 1989, insb. Abs. I u. II; dort Literaturhinweise.

sprachlichen Dilemma. Das zeigte sich bereits in der Platonischen Unterscheidung von δόξα und ἐπιστήμη unwiderruflich. Diese Differenz hatte die Mängel der mythischen Redeweise und der alltäglichen Verständigkeit für alle Zeiten im Prinzip durchschaut. Was es mit diesem Dilemma philosopherseits auf sich hatte, kam schließlich im Platonischen *Sophistes* deutlich zur Sprache, so daß Aristoteles in seiner *Metaphysik* dort nur anzuknüpfen brauchte.[10] Denn schon der „Fremde aus Elea" zwang dem Theaitet das Geständnis ab, daß jede Rede über Seiendes dieses in zweierlei Hinsicht zugleich zu bestimmen habe, nämlich so, wie es sich an sich verhalte, und wie es in Beziehung auf anderes gedacht werden müsse.[11] Diese doppelte Funktion hätten alle philosophischen Begriffe, und ihr beuge sich selbst die Dialektik von Sein und Nichtsein oder von Ruhe und Bewegung.

Dieser Einwand kling so einleuchtend wie einfach, und doch verbirgt sich dahinter das eigentliche Problem jedes philosophischen Begriffs, der die Phänomene der natürlichen und sittlichen Welt denkend betrachtet und der versucht, sie zusammenhängend zur Darstellung zu bringen. Bei genauerer Betrachtung zeigte sich nämlich, daß die geläufige Rede über die Dinge der Natur und über das Handeln der Menschen oftmals das Wesentliche vergißt oder unterschlägt. Das geschieht schon dadurch, daß man annimmt, in einfachen Protokollsätzen oder in Prädikaten den Dingen und Ereignissen der Welt sprachlich gerecht zu werden. Dabei begreift man nicht, daß die Prädikate die Gegenstände gerade vergleichbar machen und daß sie deshalb die Dinge nicht in ihrer Eigenart und Selbständigkeit erfassen. So reden wir gemeinhin weder in theoretischer noch in praktischer Hinsicht vom Wesen einer Sache, von ihrer οὐσία, sondern nur von der Weise, wie uns die Dinge und Ereignisse vergleichsweise in äußeren Beziehungen erscheinen. Das Wesen bleibt ungedacht zurück. Demgegenüber sind der metaphysische λόγος und das gebildete Bewußtsein bemüht, der Sache auf den wesenhaften Grund zu gehen. Das wiederum ist nur möglich, wenn man die Frage nach der ἀρχή rückhaltlos stellt, d. h. wenn man das Seiende in sich und in seiner Beziehung zu anderem betrachtet.[12]

Die Aufgabe des wissenschaftlichen wie philosophischen Begriffs bestünde demnach zunächst darin, Wesentliches von Unwesentlichem zu

---

10 Vgl. Königshausen 1989.
11 Vgl. Plato, *Sophistes*, 255 c.
12 Vgl. Aristoteles, *Metaphysik*, 1029 b 22 – 1030 a 6.

unterscheiden, um danach das innere Gesetz bzw. das Prinzip der jeweiligen Sache herauszufinden. Dabei kommt es entscheidend darauf an, etwas in seiner Selbständigkeit und eigenen Notwendigkeit so darzustellen, daß es zugleich in seiner wesentlichen Beziehung zu anderem einsichtig und auf allgemeine Weise verständliche wird. Dem λόγος wird deshalb eine doppelte und entgegengesetzte Fähigkeit abverlangt: 1. Der Begriff muß das mit Sicherheit zu unterscheiden wissen, was dem Namen nach womöglich gleich ist, obwohl es der Sache nach wesenhaft verschieden ist. 2. Der Vernunftbegriff hält das zusammen, was der vulgäre Verstand unter dem Eindruck sinnlicher Wahrnehmung oder alltäglicher Erfahrung trennt, weil für ihn beispielsweise Tag und Nacht ebenso wie Mann und Frau unvereinbare Gegensätze sind.

An diesen, in sich entgegengesetzten λόγος gemahnte Aristoteles in seiner *Metaphysik*, als er betonte: „Wie es aber möglich ist, Zugleichsein und Getrenntsein [zusammen] zu denken, gehört einer anderen Form des Redens und Denkens an. Dabei verstehe ich das Zugleichsein und das Getrenntsein [von Gedankenbestimmungen] nicht in einem Nacheinander [entgegengesetzter Momente], sondern als das [gleichzeitige] Entstehen eines in sich gegliederten Begriffs (ἕν) [im Sinne unvermittelter Beziehung]. Denn das Unwahre und Wahre liegt nicht in den Dingen selbst begründet, so daß das Gutseiende wahr und das Schlechtseiende unmittelbar das Unwahre wäre. Dieser Gegensatz fällt vielmehr in das Vernunfturteil (διανοία)."[13]

Der nämliche Unterschied zwischen Verstandeskategorien und Vernunftideen wird besonders deutlich, wenn es gilt, die jeweilige Form der Zuordnung von Dingen und Ereignissen zur Sprache zu bringen. Während nämlich der Verstand versucht, die Dinge vermittels seiner Kategorien entweder in ein äußerliches Verhältnis zueinander zu setzen oder sie einer übergeordneten Instanz unterzuordnen, verzichtet die Vernunft auf derlei Beziehungen. Damit verzichtet das Vernunfturteil aber auch auf Allgemeinbegriffe, in denen die ontologischen oder logischen Gegensätze verschwinden.[14] Der philosophische λόγος und das gebildete Bewußtsein halten also in der maßgebenden Unterscheidung an der Einheit fest; und sie lassen begrifflich nur eine Einheit gelten, die in sich Unterschiedliches bewegt. Auf die nämliche Weise setzt der dialektische Begriff oftmals

---

13 Ebd., 1027 b 23 ff.
14 Vgl. Rapp 1996, S. 157–191.

Identisches different und Differentes identisch, ohne darin mit sich und seinem Gegenstand uneins zu werden.[15]

In dieser Auffassung von Wesen und Funktion eines Vernunfturteils kamen denn auch Platos Dialektik und die Aristotelische Metaphysik überein, ehe im Neuplatonismus eines Plotin der andere Versuch unternommen wurde, das begriffliche Wissen nach Gattungen oder Seinsstufen hierarchisch anzuordnen. Folglich war an der Spitze dieser Begriffspyramide – ganz im Gegensatz zu Plato – ein Absolutes von höchster Einfachheit und Allgemeinheit gesetzt worden, das an keiner Differenz und Bewegung mehr teilhatte und das selbst auch keine gegenständliche Erkenntnis mehr vermittelte. In Erinnerung an die frühgriechische Tradition sollte Hegel dann auch hinsichtlich der Idee von einem konkreten Begriff sprechen, der etwas in sich verständlich machte.[16]

III. Bildung als Vermittlung von Wissenschaft und Metaphysik

Auf dem Hintergrund dieser Entwicklung des philosophischen Gedankens von Plato und Aristoteles zu Plotin und Proklos soll in einem letzten Schritt über die Entstehung und über den systematischen Ort des Bildungsprinzips nachgedacht werden. Dieses Prinzip nahm in der griechischen παιδεία und in der φιλοσοφία seinen Anfang, und es gelangte schließlich im deutschsprachigen Raum bezeichnenderweise im Zeitalter der Aufklärung zu hoher Blüte, bis es in den Strudel pragmatischer und technischer Wissenskonzepte gerissen wurde. Da über den Ausgang des Bildungsgedankens hier nicht zu befinden ist, macht es Sinn, den geistesgeschichtlichen Raum genauer einzugrenzen, innerhalb dessen der Standpunkt der Bildung ein derart hohes Ansehen gewinnen konnte. Schließlich diente er fortan nicht nur der pädagogischen Theorie zum Leitfaden, sondern er brachte sehr bald auch eine Bildungsphilosophie auf den Weg, die in Hegels *Phänomenologie des Geistes* und in seinen *Grundlinien der Philosophie des Rechts* wohl ihre reifste Gestalt finden sollte.[17]

Dabei war Hegel wohl der erste, der in der Neuformulierung des Wortes Bildung einen Umschwung im gesamten Denken seiner Zeit erkannte. Deshalb widmete er seine ganze Aufmerksamkeit dieser zunächst philo-

---

15 Vgl. Plato, *Phaidon*, 74 c – 76 a; vgl. Hegel, *Werke*, Bd. 19, S. 163, Bd. 6, S. 337 f.
16 Vgl. Hegel, *Werke*, Bd. 8, S. 307 ff., Bd. 13, S. 100.
17 Vgl. Pleines 1983/86; dort weitere Literatur, insb. Abs. 2.

sophisch eher nebensächlich erscheinenden Wortprägung, deren Herkunft aus der Mystik und der Aufklärung ihm bewußt war. Die spekulative Kraft des Bildungsgedanken entpuppte sich allerdings erst in der kritischen Auseinandersetzung mit dem neuzeitlichen Wissenschaftsverständnis und mit einem Glauben, der allen verstandesmäßigen Weltinterpretationen von Haus aus mißtraute. Dabei war es vor allem die neuzeitliche Erkenntnistheorie und Willensmetaphysik, die genügend Anlaß zur Kritik boten, woraus seitens des gebildeten Bewußtseins ein vorerst ungeklärtes Bedürfnis nach einer transzendenten Metaphysik erwuchs.

Es ist hier auch nicht der Ort, Hegels systematische Analyse des „Standpunkts der Bildung" umfassend nachzuzeichnen, die zugleich über die Möglichkeiten und Grenzen des Bildungsprinzips innerhalb der bürgerlichen Gesellschaft und innerhalb eines „entfremdeten Bewußtseins" befand. Wichtiger erscheinen in diesem Zusammenhang die allgemeinen Bedingungen, unter denen dem Wort Bildung philosophischerseits plötzlich eine solche Beweislast aufgebürdet wurde, daß es dazu dienen konnte, eine ganze Epoche auf den Begriff zu bringen. Jedenfalls wurde fortan das Zeitalter der Aufklärung immer mit dem Gedanken der Bildung verbunden, so daß beide Begriffe geradezu synonym gebraucht wurden. Denn was war ein aufgeklärter Bürger ohne seine Bildung?

Doch war der Gedanke der Bildung, so wie er sich innerhalb des neuzeitlichen Denkens geltend machte, nicht auch Ausdruck eines zutiefst zerrissenen oder verzweifelten Bewußtseins, das seine Erlösung herbeisehnte – wie Hegel vermutete? Der Preis, den die Bildung an die verachtete Metaphysik zurückzahlen mußte, war jedenfalls höher, als der aufgeklärte Bürger gemeinhin annahm. Es ereilte ihn denn auch das gleiche Schicksal wie die vormalige Metaphysik, die glaubte, sich in einer gedoppelten Wirklichkeit und Wahrheit auf Dauer einrichten zu können. Die philosophische Aporie bestand letztlich darin, daß die in sich gespannte Einheit und die innere Gliederung des λόγος abermals aufs Spiel gesetzt und damit das Wissen an den Rand eines verstandesmäßigen Relativismus getrieben wurde. Wenig später sollte Schelling von einer Verzweiflung an der Vernunft reden; Kierkegaard sprach im philosophischen Sinne sogar von Angst. Beide warnten damit das gebildete Bewußtsein ihrer Zeit vor der Form eines Wissens, die im Prinzip bereits am Abgrund eines drohenden Dezisionismus und Nihilismus stand, ohne es zu ahnen.

Nietzsche, der unter dem Eindruck Schopenhauers ebenso hart mit den vermeintlichen Gebildeten seiner Zeit ins Gericht ging, warnte denn auch eindringlich vor jenen „Hinterweltlern", die in ihrem Urteil von einer gedoppelten Wirklichkeit und Wahrheit ausgehen. Auch er diagnostizierte ein in sich gespaltenes Bewußtsein, dessen Herkunft und Absicht er nicht ohne Grund der christlich-moralischen Weltinterpretation anlastete. Daß Nietzsche gelegentlich seiner Kritik an der Doppelwelt auch der modernen Wissenschaft mißtraute und daß er schließlich die eigentliche Bildung jenseits der Wissenschaft ansiedelte, spricht dafür, die methodische Ausprägung moderner Wissenschaft im Zusammenhang eines Erkenntnisproblems zu sehen, das eben jene gedoppelte Wirklichkeit und Wahrheit hervorbrachte. Der Verdacht ist ja nicht unbegründet, daß eine positivistische Wissenschaft die Kehrseite einer verkehrten moralischen Weltinterpretation ist, wie umgekehrt eine weltfremde Moral auf der Gegenseite eine geistlose Natur und eine Wissenschaft hervorbringt, die sich am Ende mit empirischen Daten oder mit verstandesmäßigen Distinktionen und Relationen zufrieden gibt.[18]

Und ein zweites Resultat läßt sich hinsichtlich des Bildungsgedankens am Beispiel Nietzsches festmachen. Bekanntlich bezog sich dessen Kritik an der modernen Wissenschaft und an deren Weltlosigkeit ebenso entschieden auf die Metaphysik, wobei er freilich ausgerechnet Heraklit aus dem Kreis vorsokratischer Philosophen anerkennend heraushob. Diese Tatsache überrascht insofern, als bei einem weiteren Verständnis von dem, was Metaphysik ist, Heraklit sehr wohl in die Zeugenreihe metaphysischer Denker gehört. Ein ähnlich verhängnisvolles Vorurteil findet sich noch bei Heidegger, der die Metaphysik mit Plato und Aristoteles anfangen läßt und der in Hegel und Nietzsche deren zweifelhafte Vollendung sah. Auch in diesem Fall wird die Metaphysik neuplatonischer oder neoaristotelischer Prägung für jene Doppelwelt verantwortlich gemacht, in die die neuere Bildungsphilosophie und deren Weltinterpretation geraten war.

Für eine solche Diagnose sprach vieles, nicht zuletzt die Sprache, derer sich die neuzeitliche Bildung bediente, um ihrer eigenen Erfahrung Ausdruck zu verleihen. So setzte sie in theoretischer Hinsicht das Wesen der Erscheinung unvermittelt entgegen, und in praktischer Hinsicht unterschied sie ebenso scharf zwischen Sein und Sollen, ohne beide im Interesse handelnder Vernunft vereinen zu können. Diese konzeptionellen Divergenzen, die erst in der Neuzeit in unversöhnliche Gegensätze getrieben wurden, veranlaßten denn auch Hegel, in Ansehung der Bildung und ihrer Zeit schließlich von einer „Welt des sich entfremdeten Geistes" zu re-

---

18 Vgl. Pleines 1989, Abs. X.

den; und der befand, daß der sich solchermaßen fremdgewordene Geist erst in der Moralität wieder zu sich zurückkehren werde, ohne in ihr freilich seine Ruhe zu finden. Deshalb war für Hegel der „Standpunkt der Bildung" ein zwar notwendiges, aber zu überwindendes Stadium auf dem Weg des neuzeitlichen Geistes zu sich selbst.

Was in dieser mißlichen Situation die Berufung auf die Bildung in theoretischer wie in praktischer Hinsicht einbrachte, war demnach der anhaltende Widerstreit zwischen der neuzeitlichen Wissenschaft und deren Wahrheitsverständnis auf der einen Seite und den Ansprüchen einer zur Weltanschauung heruntergekommenen und verachteten Metaphysik auf der anderen Seite. Diese Weltanschauung schickte sich schließlich an, im Verein mit einem absurden, vernunftlosen Glauben die wahre Wirklichkeit entweder als Ideal in eine utopische Zukunft oder in das Jenseits des eigenen Verstandes zu verlegen. Das Resultat dieses Widerstreits war eine unauflösbare Aporie, an der eine eindimensionale Wissenschaft und deren diffuses Gegenbild, ein weltloser Glaube, gemeinsam schuldig waren. So betrachtet war die Kluft, die beide voneinander trennte, Ausdruck eines gespaltenen Bewußtseins, das es mit sich und seiner Welt nicht mehr aushielt und das sich in seiner Ironie und Verzweiflung nach einer Erlösung von außen sehnte.

Das gebildete Bewußtsein dagegen versuchte, mit weithin ungeeigneten Mitteln im Namen der Vernunft die neuen wissenschaftlichen Erkenntnisse wieder mit dem ursprünglichen Anliegen der Metaphysik in Einklang zu bringen. Daß dieser Versuch weitgehend mißlang, lag freilich an beiden Seiten. Denn ein verstandesmäßig eingegrenztes Wahrheitsverständnis konnte mit einer Bildungstheorie nicht zusammengebracht werden, die sich ihrer eigenen Grenzen nicht bewußt war und die deshalb mehr postulierte, als sie begrifflich einzuholen imstande war. Folglich konnte dieser Standpunkt Wissenschaft und Metaphysik solange nicht vereinen, wie das verblaßte und verzerrte Abbild der anfänglichen Metaphysik weiterhin für das Original gehalten wurde. Die Metaphysik hatte sich also im Zuge neuzeitlicher Erkenntniskritik und Wissenschaftstheorie keineswegs von selbst erübrigt. Ihre Lage hatte sich allerdings aufs Äußerste zugespitzt. Sie hatte nämlich die natürliche und sittliche Welt unter veränderten Wissensbedingungen vollständig individuiert zu denken. Mit anderen Worten: Die zunehmende Trübung und die wohlfeile Negation aller Metaphysik hatte in Wahrheit gar nicht zu deren tödlichem Ende, sondern zu einer Verwandlung geführt, die vielfach nicht bemerkt wurde. Diese Verwandlung erinnerte in vielem an die Ursprünge der atomistischen Naturphilosophie und Ethik. Jedenfalls sah sich die neuzeitliche Philosophie fortan genötigt, alles Individuelle, Selbständige und Freie in Natur und Geschichte als lebendiges Glied oder als bestimmendes Moment in sich gespannter Beziehungen mit gegenwendigem Effekt zu denken.

Dieser Aufgabe entsprach der Begriff der Bildung auf theoretischem, praktischem und ästhetischem Gebiet zunächst weitgehend. Als Monade oder als nisus formativus wurde er schon längst als eine Naturkraft oder als ein Bildungstrieb anerkannt, der für sich selbst aufkam und der zu gliedern und zu organisieren verstand. In dieser Funktion fiel auf das innerliche Bildungs- und Gestaltungsprinzip nicht der Verdacht, lediglich eine subjektiv ersonnene Idee oder eine heuristische Arbeitshypothese in den Wissenschaften zu sein. Deshalb traute man dem neuzeitlichen Bildungskonzept innerhalb der Natur- und Kulturphilosophie mehr zu als der ehemaligen metaphysischen οὐσία, obwohl sie sich im Prinzip der gleichen Erkenntnis verdankten. Auf diese Weise geriet die Metaphysik in der Philosophie des deutschen Idealismus in den Schatten einer Bildungstheorie, die selbst bald in eine ähnliche Bedrängnis kam wie die Metaphysik vor ihr. Aus diesem Grund versuchte sie, sich Klarheit darüber zu verschaffen, wie das Verhältnis von Wissenschaft und spekulativem Denken eigentlich zu verstehen sei.

An dieses Bedenken sollte sich bald unter anderen Zwängen die ebenso brennende Frage anschließen, wie es in der Neuzeit um das Verhältnis von Wissenschaft und Lebenswelt steht und wie im kontroversen Fall zu entscheiden sei, wenn man die berechtigten Ansprüche beider Seiten nicht willkürlich zu beschneiden gedachte. Damit nahm die traditionell gespannte Beziehung zwischen der Metaphysik und den Wissenschaften eine neue und in mancher Hinsicht bedrohliche Form an. Auch dieses Problem der Entfremdung beider ging an der Bildungsphilosophie nicht spurlos vorbei. So hatte es die Bildung fortan unabweisbar mit Fragen zu tun, die ehemals der Philosophie und Metaphysik zugerechnet wurden. Aber das Versprechen, die wissenschaftlichen Resultate wieder in eine bedenkende Betrachtung der Natur und der Geschichte zu überführen, wurde bislang nicht eingelöst – und nur dadurch könnte die Bildung unter gegenwärtigen Bedingungen dem Auftrag der Metaphysik gerecht werden oder sie schließlich ersetzen. Doch dazu wird es in absehbarer Zeit wohl nicht kommen. Aber immerhin, die neuzeitliche Bildung hat die aufgetretene Spannung zwischen Wissenschaft und Metaphysik – wenn schon nicht abzubauen, so doch gedanklich auszutragen. Denn eine

Wissenschaft ohne Metaphysik gleicht zwecklosem Treiben, wie eine Metaphysik ohne Wissenschaft droht, in leeren Formalismus oder in eine Weltanschauung umzuschlagen, die am Ende alles für wahr und für möglich hält.

Literatur

Zitate aus Texten Platos und Aristoteles' werden durch die üblichen Angaben in den Fußnoten nachgewiesen.

Diels, Hermann/Kranz, Walther, [14]1969, *Die Fragmente der Vorsokratiker*, 3 Bde., Dublin/Zürich

Hegel, Georg Wilhelm Friedrich, *Werke in zwanzig Bänden*, Redaktion E. Moldenhauer u. K. M. Michel, Frankfurt/M. 1969

Kant, Immanuel, *Vorlesungen über Metaphysik*, Darmstadt 1964 (Erfurt 1821)

Jaeger, Werner, [4]1959, *Paideia. Die Formung des griechischen Menschen*, Berlin

Königshausen, Johannes-Heinrich, 1989, *Ursprung und Thema von Erster Wissenschaft*, Amsterdam/Atlanta

Pleines, Jürgen-Eckardt, 1989, *Studien zur Bildungstheorie*, Darmstadt

Pleines, Jürgen-Eckardt (Hg.), 1983/86, *Hegels Theorie der Bildung*, 2 Bde., Hildesheim/Zürich/New York

Rapp, Christof, 1996, „Kein Allgemeines ist Substanz", in: ders. (Hg.), *Aristoteles - Metaphysik. Die Substanzbücher*, Berlin

Hinweise zu den Autoren

Fischer, Wolfgang, geb. 1928, Dr. phil., Professor emeritus für Allgemeine Pädagogik an der Gerhard-Mercator-Universität Duisburg – Veröffentlichungen u. a.: Pädagogisches Denken von den Anfängen bis zur Gegenwart (mit D.-J. Löwisch, 1989); Unterwegs zu einer skeptisch-transzendentalkritischen Pädagogik (1989); Skepsis und Widerstreit (zus. mit J. Ruhloff, 1993); Colloquium Paedagogicum (Hg., 1994); demnächst: Kleine Texte zur Pädagogik in der Antike.

Frischmann, Bärbel, geb. 1960, Dr. phil., Lehrbeauftragte am Institut für Allgemeine Pädagogik der Humboldt-Universität zu Berlin, Abteilung Philosophie und Pädagogik – Veröffentlichungen u. a.: Ernst Cassirers kulturphilosophische Bestimmung des Menschen als animal symbolicum (Phil. Diss. 1987); Die Verantwortungslosigkeit des Friedrich Nietzsche, in: Aletheia, Heft 5/1994; Aufsätze zum Thema Philosophieren mit Kindern.

Hellekamps, Stephanie, geb. 1956, PD Dr. phil., wissenschaftliche Assistentin am Institut für Allgemeine Pädagogik der Humboldt-Universität zu Berlin, Abteilung Allgemeine Erziehungswissenschaft – Veröffentlichungen u. a.: Erziehender Unterricht und Didaktik (mit Hans-Ulrich Musolff, 1991); „Bildungstheorie und ästhetische Bildung", in: Zeitschrift für Pädagogik 39 (1993), H. 2, S. 275-292; Die Gründung der Republik. Bildungstheoretische Analysen zur Differenz von politischer Gesellschaft und räsonierender Öffentlichkeit nach 1789 (1997).

Hügli, Anton, geb. 1939, Dr. phil., Direktor des Pädagogischen Instituts Basel-Stadt, Professor für Philosophie an der Universität Basel – Veröffentlichungen u. a.: Philosophielexikon (Mithg., 1991, 2. Aufl. 1997); Historisches Wörterbuch der Philosophie (Mithg. Bd. 7 ff., darin u. a. Art. „Pädagogik"); Philosophie im 20. Jahrhundert, 2 Bde. (Mithg., 1992/93); „Kontrollpädagogik oder Autonomiepädagogik?", in: studia philosophica 1995; zahlreiche Aufsätze in Zeitschriften und Sammelbänden.

Marotzki, Winfried, geb. 1950, Dr. phil., Professor für Allgemeine Pädagogik an der Otto-von-Guericke-Universität Magdeburg – Veröffentlichungen u.a.: Entwurf einer strukturalen Bildungstheorie. Biographietheoretische Auslegung von Bildungsprozessen in hochkomplexen Gesellschaften (1990); Kritische Erziehungswissenschaft – Moderne – Postmoderne, Band I und II (hg. mit Heinz Sünker, 1992/93); Erziehung und Demokratie (hg. mit Lutz Koch und Helmut Peukert, 1995); Erziehungswissenschaftliche Biographieforschung (hg. mit H.-H. Krüger, 1996).

Martens, Ekkehard, geb. 1943, Dr. phil., Professor für Didaktik der Philosophie und Alten Sprachen am Fachbereich Erziehungswissenschaft der Universität Hamburg – Veröffentlichungen u. a.: Die Sache des Sokrates (1992); Zwischen Gut und Böse (hg. mit Th. Macho 1997); Zeitschrift für Didaktik der Philosophie und Ethik (hg. mit H. Schnädelbach, 1979 ff.); Philosophie – Ein Grundkurs (hg. mit H. Hastedt, 1985); Ethik – Ein Grundkurs (1994); mehrere Platonübersetzungen.

Mohr, Georg, geb. 1956, PD Dr. phil., Gastprofessor für Philosophie am Institut für Allgemeine Pädagogik der Humboldt-Universität zu Berlin, Abteilung Philosophie und Pädagogik – Veröffentlichungen u. a.: Das sinnliche Ich. Innerer Sinn und Bewußtsein bei Kant (1991); „Du sens interne". Un texte inédit d'Immanuel Kant (hg. mit G. Seel u. a., 1988); Eric Weil – Ethik und politische Philosophie (hg. mit L. Siep, 1997); „Freedom and the Self. From Introspection to Intersubjectivity", in: Ameriks, K./Sturma, D. (Hg.), The Modern Subject (1995); Aufsätze zur Erkenntnistheorie, Philosophie des Geistes, Rechtsphilosophie.

Pleines, Jürgen-Eckardt, geb. 1934, Dr. phil., Professor für Pädagogik und Philosophie am Institut für Berufspädagogik und Allgemeine Pädagogik der Universität Karlsruhe (TH) – Veröffentlichungen u. a.: Hegels Theorie der Bildung, 2 Bde., (hg. 1983/86); Studien zur Bildungstheorie (1989); Begreifendes Denken (1990); Studien zur Ethik (1992); Teleologie als metaphysisches Problem (1995).

Ruhloff, Jörg, Dr. phil., geb. 1940, Professor für Systematische/Historische Pädagogik an der Universität-Gesamthochschule Wuppertal – Veröffentlichungen u. a.: Paul Natorps Grundlegung der Pädagogik (1966); Das ungelöste Normproblem der Pädagogik (1980); Renaissance-Humanismus (hg. mit W. Fischer, 1989); Skepsis und Widerstreit (mit W. Fischer, 1993).

Vogel, Peter, geb. 1947, Dr. phil., Professor am Institut für Allgemeine, Vergleichende und Berufspädagogik an der Universität Dortmund – Veröffentlichungen u. a.: Kausalität und Freiheit in der Pädagogik. Studien in Anschluß an die Freiheitsantinomie bei Kant (1990); System – Die Antwort der Bildungsphilosophie?, in: Oelkers, J./Tenorth, H.-E., 1991, Pädagogisches Wissen; Zur Wirkungsgeschichte Kants in der Pädagogik. Studienbrief der Fernuniversität Hagen (1993); „Scheinprobleme der Erziehungswissenschaft: Das Verhältnis von 'Erziehung' und 'Sozialisation'", in: Zeitschrift für Pädagogik 42 (1996).